소중한 _____ 님께

한 편의 시가 반짝이는 보석처럼 소중한
인생의 길잡이가 되기를 바랍니다

_____ 드림

한국인이 가장 사랑하는
명시100선

한국인이 가장 사랑하는
명시100선

초판 1쇄 발행 | 2012년 2월 20일
초판 6쇄 발행 | 2018년 5월 1일

지은이 | 서정윤
펴낸이 | 박영욱
펴낸곳 | (주)북오션

편　집 | 허현자
마케팅 | 최석진
디자인 | 서정희 · 민영선

주　소 | 서울시 마포구 월드컵로 14길 62
이메일 | bookrose@naver.com
네이버포스트 | m.post.naver.com
전　화 | 편집문의: 02-325-9172　　영업문의: 02-322-6709
팩　스 | 02-3143-3964

출판신고번호 | 제313-2007-000197호

ISBN 978-89-6799-058-9 (03810)

*이 책은 북오션이 저작권자와의 계약에 따라 발행한 것이므로 내용의 일부 또는 전부를 이용하려면 반드시 북오션의 서면 동의를 받아야 합니다.
*책값은 뒤표지에 있습니다.
*잘못 만들어진 책은 구입하신 서점에서 교환해 드립니다.

한국인이 가장 사랑하는
명시 100선

서정윤 편저

북오션

시를 고르며……

우리나라에서 지금까지 발표된 현대 시들이 과연 얼마나 될까? 단순 계산으로 시인이 1만 명이 넘으니 그들이 1달에 1편씩 쓴다고 보면 1년에 12만 편이다. 그러다 보니 올해의 좋은 시라는 이름으로 두꺼운 책에 시들을 모아서 발행하기도 하는데 거의 대부분 그런 책들은 이해관계 때문인지 자기네들과 상관 있는 사람들을 끼워 넣는 방식을 취하는 것을 피할 수 없었다.

그래서 객관성을 띤 책이 필요하다는 생각을 늘 하고 있었는데, 이번에 출판사에서 제의가 들어왔다. 선뜻 하겠다고 하고 보니 이제는 어떤 시를 선정하느냐가 문제였다. 올해의 시도 그렇게 많은데, 우리나라 신시의 역사는 100년도 넘는다. 그중에서 100편을 어떻게 선정할지 참으로 난감한 일이 아닐 수 없다.

물론 이런 제의가 들어오면 어떤 기준으로 뽑을지는 미리 생각해두었다.

첫 번째로 시를 쓰는 사람들에게 꼭 필요한 시들, 그러니까 시인이 되기 위해 공부하는 사람에게 유용한 시들을 모아서 한 권의 책으로 묶어 주면 좋겠다는 생각을 했다. 시 공부를 하기 위해 도서관을 뒤지고 신춘문예 당선 시를 모은 책을 사고 또 여기 저기 흩어져 있는 시집들을 베끼고 하는 어려운 작업을 한 권의 책으로 해결해 주면 좋겠다는 생각을 했다. 그래서 시들을 선정하여 출판사에 연락을 했다. 하지만 그 책에 포함된 시인의 이름이 많이 알려지지 않았다는 점과 수요자 계층이 한정된다는 점들 때문에 선뜻 허락이 떨어지지 않았다. 또 이런 시들은 일반인이 읽기에 너무 난해하다는 단점을 극복할 수가 없었다. 물론 약간의 해설을 가미해 이해를 돕는다고 하더라도 일반 독자가 읽기에 불편한 것이 사실이었다.

다음으로는 학교에서 학생들을 가르치는 사람으로서 갖는 느낌이 있었다. 과거의 교과서와 문제집에서는 학생들이 읽어야 할 기본적인 시가 실려 있었고 그 시들을 지문으로 해서 문제가 출제되는 것이 일반적이었다. 하지만 최근 10년 사이 새로 나온 시인들 위주로 문제집이 제작되기 시작했다. 그런데 문제는 과거 시인들의 시는 완전히 제외되어 버리는 것이다.

그러니까 한용운, 김소월, 이육사의 시를 배우고 그들의 시를 외울 정도까지 공부하던 예전의 문학 공부는 낡은 방법이 되어 버렸고, 요

즘 시인들의 감각적 의미만 강조하고 있었다. 김소월, 서정주의 시를 좋아한다고 하는 사람들이 그 시인의 시집을 가지고 있는 경우는 드물다고 한다. 그만큼 학창시절 교과서에 실린 시가 중요하다는 말이다.

앞으로 20년 만 지나면 그런 구시대 시인은 역사적 가치만 지닌 채 문학적 울림은 사라져 버릴지도 모를 상황이 된 것이다.

실제 입시 지도를 하면서 꼭 필요한 시, 학생들이 반드시 읽어야 할 시를 읽지 않고 지나가는 것이 안타까워서 시화로 만들어 복도에 걸어 봤지만 학생들은 하나의 장식품으로밖에 여기지 않았다. 그래서 학생들이 반드시 읽어야 하는 시들을 한 권의 책으로 모아보고 싶었다.

눈으로 읽는 시도 있지만 귀로 들었을 때 더 감동적인 시들이 있다. 노래로 불리는 경우도 있고 아니면 누군가가 읽어 주는 걸 들으며 상상할 때 또다른 감동이 오는 시도 있다.

낭송해서 살아나는 시, 목소리로 새 생명을 얻어 날개를 펄럭이는 시를 모아보는 것도 즐거운 일이라고 생각한다.

* * *

시가 없어도 너무나 잘 돌아가는 세상이지만 시를 잃어버린 사람은 영혼을 잃어버린 사람이라는 말을 하고 싶다.

요즈음 학생들을 보면 정말로 영혼이 없는 채로 살아가고 있다는 것을 실감한다.

모든 것이 자기에게 유리하면 옳은 것이고 자기에게 불리하게 적용되면 잘못된 것이라는 사고로 살아간다. 심지어 그 대상이 자기 부모라도 말이다.

부모가 돈을 벌어 먹여주고 용돈을 주어 살아가게 해주면 좋은 것이지만 그것이 안 되면 오히려 불편하고 거추장스럽게 생각하고 그걸 고스란히 말해버린다. 객관적으로 옳은 것에 대한 개념은 이미 버린 지 오래다.

이런 학생들에게 시를 읽히는 것은 영혼을 살리는 일인 것이다.

이번에 100편의 시를 선정하면서 학생들에게 읽히는 책을 만들고 싶었다. 우선 여기에 선정된 국내 시 60여 편은 바로 입시에 나올 수 있는 시로 정하기로 했다.

옛날 문학 교과서에 흔히 볼 수 있는 시들이다. 하지만 요즈음의 문학 교과서에는 잘 볼 수 없다. 여기에 있는 시들은 반드시 알아야 하는 것들이다.

요즈음 교과서를 편찬하시는 분들이 그들 신세대들의 기호에 맞는 시들을 교과서에 싣고 있고 또 그런 시들을 학생들에게 배우게 하는 것을 알고 있지만 여기에 나온, 기초가 되는 시들을 반드시 알고 나서 요즈음 나오는 시를 보는 것이 맞는 것이다.

최근 학생들은 이런 기초가 되는 시는 별로 중요하게 생각하지 않는 것 같다. 그들의 교과서나 문제집에 나오지 않기 때문이리라 짐작은 하지만 반드시 알아야 한다고 생각하기에 여기에 있는 시들을 선정했다.

한 명의 시인에게 대표작이 하나뿐인 시인은 다행이다.

많은 시인들이 대표작을 여러 편 가지고 있어서 그분들의 시를 선정하는 데도 참 많은 고민을 했다. 대표작과 교과서 혹은 문제집에 실리는 시가 다른 경우도 있다. 그런 경우는 조금 더 많이 인용되는 것으로 선정했다. 가장 어려운 점은 70년대 이후의 시인들이었다.

정말 많은 시인들이 좋은 시들을 내어 놓았다. 그중에서 누구는 선정하고 누구는 선정 안 할 수 없어 한동안 손을 놓고 있었기에 출판사 측의 독촉을 받기도 했다.

한 명을 제외할 때마다 내가 제외된 것 같은 기분 나쁜 느낌이 나를 힘들게 했다. 다음에 할 때 반드시 넣는다는 조건을 스스로 제시하면서 이 작업을 마무리 할 수 있었다.

10여 년 전에 나의 출신 대학교에서 교양 국어책을 만든 적이 있었다. 선배 교수님이 나의 시를 한 편 넣어 놓았다고 했다. 당시 나는 박사과정에 있었는데 지도교수가 내 시를 슬그머니 빼버렸다는 이야기를 들었다. 그 이야기를 듣고 얼마나 기분 나빴는지 모른다. 그 지도교수는 내가 모르는 줄 알고는 온갖 대접을 받으려고 했다.

그 교수를 성토하려는 것은 아니다. 하지만 그 기분을 생각하며 참으로 신중하게 선정하려고 노력했다는 점을 말하고 싶은 것이다.

아울러 외국 시 30여 편은 우리에게 친숙한 것을 위주로 선정했다.

외국 시들은 번역의 담벼락을 넘어야 한다는 문제가 있기는 하지만 그래도 과거에는 쉽게, 친숙하게 듣던 구절이었다. 하지만 요즈음 청소년들에게는 생소한 것이 대부분이다. 그들이 관심이 없기 때문이기도 하려니와 너무 친숙한 시 구절들이기에 당연히 알 것이라고 생각하고는 친절히 알려주려는 사람이 없었기 때문이리라 생각한다.

가정에서 자녀가 초등학교 때에는 책을 읽게 하고 또 책과 가까이 지내도록 하기 위해 애를 쓰다가 중학교에 들어가고 고등학생이 되면 더 이상 그런 노력을 하지 않는 것이 대부분이다.

고등학생이 되면 공부할 양이 너무 많은 것도 문제이고 또 고등학교 과정은 부모님의 입장에서도 부담스러운 것이 사실이기에 학교에 일임하는 정도로 그친다.

학교에서는 또 기본적인 것이기에 고등학교에 들어오기 전에 다 알고 있다고 생각하고 그 이상의 것을 가르치려 한다. 결국 서로 미루는 결과를 가져왔다. 옛날에는 할머니나 동네 아주머니께 들을 수 있는 속담들을 사전에서 읽고 외워야 하는 현실이 된 것이다. 아무도 그런 속담을 말해주는 사람이 없는 현실이 되어버렸다. 옛날에는 교과서가 아니라도 여기 저기서 주워들을 수 있는 시 구절을 요즈음 학생들은 책을 사서 읽어야 한다.

그런 시들을 여기에 모아보았다.

반드시 읽고 알고 있어야 하는 시들, 기성세대들은 아주 친근한데 신세대에게는 생소한 시들, 하지만 삶을 살아가는 데 멀리 보이는 등불같은 시들이다.

입시에 이용하는 것도 좋고 그냥 삶의 지표로 삼는 것도 좋다. 하지만 어떻게든 통과의례로 반드시 읽어야 한다고 말하고 싶다.

* * *

각 시마다 이해를 돕기 위한 간단한 해설을 붙일까 하는 생각을 하지 않은 것이 아니나 오히려 그 해설이 시를 읽는 상상력을 제한하지 않을까 하여 빼기로 했다.

우리는 너무 참고서에 익숙해져 있다. 시 한 편을 읽으며 시인이 누구이며 어떤 활동을 했고 또 시의 중심 소재는 무엇이고 주제는 무엇인지를 따지려 든다. 각 단어의 이미지는 어떻게 연결되고 수미상관은 또 무엇인가. 이런 것에 너무 젖어 있다. 아니 여기에 목숨 걸고 있는 것 같은 느낌이다.

그것은 시를 올바르게 이해하는 방법이 아니다. 그것은 모두 시험을 잘 보기 위한 방법일 뿐이다.

시를 이해하기 위해서는 시를 잘 읽어야 한다. 그리고 느껴야 한다.

시를 읽고 느낄 수 있는 마음이 있으면 충분히 시적으로 살 수 있다.

그 시를 쓴 시인이 몇 살에 죽었고 시인은 어떤 삶을 살았는가가 중요한 것이 아니라 시 속에 담겨있는 울림, 그리고 그가 주는 느낌으로 시를 만나는 것이다.

시 한 편을 읽고, 단순히 읽은 것만으로 눈물이 '주르르' 흐를 때 비로소 공감했다고 할 수 있다. 어쩌면 시 공부는 교과서와 참고서가 다 망쳐 놓았다고 조심스럽게 말해 본다.

이제부터는 그냥, 아무런 설명 없이 가슴으로 시 읽기를 신세대에게 가르쳐야 하겠다는 생각을 했다.

그냥 아무런 배경지식 혹은 선입견 없이 신세대들에게 시를 읽혀보고 싶었다.

읽어주고 싶었다.

그들에게 그들 방식으로 받아들이도록 해주고 싶었다.

우리들이 강요하는 사고가 아닌 그들 스스로의 사고를 할 수 있도록 해주고 싶다.

서정윤

차례

시를 고르며…… 4

1장_ 그대의 입술은 꽃으로 말하리

별 헤는 밤 | 윤동주 18
너에게 묻는다 | 안도현 21
그 먼 나라를 알으십니까 | 신석정 22
진달래꽃 | 김소월 25
성탄제(聖誕祭) | 김종길 26
귀천(歸天) | 천상병 29
희미한 옛사랑의 그림자 | 김광규 31
섬 | 정현종 35
목마(木馬)와 숙녀 | 박인환 36
가지 않은 길 | 프로스트 39
행복 | 유치환 42
지옥에서 보낸 한 철 | 랭보 44
모란이 피기까지는 | 김영랑 48
해(海)에게서 소년(少年)에게 | 최남선 49
미라보 다리 | 아폴리네르 54
당신을 사랑하기에 | 헤르만 헤세 56
우리 오빠와 화로 | 임화 57
울음이 타는 가을 강 | 박재삼 62
사평역(沙平驛)에서 | 곽재구 63
타는 목마름으로 | 김지하 66
첫사랑 | 괴테 68
산비둘기 | 장 콕도 69
휴전선 | 박봉우 70
우울한 샹송 | 이수익 72
생의 한가운데서 | 횔덜린 75

2장_ 그대의 눈이 노래를 좇으리

초토의 시·8 – 적군 묘지(敵軍墓地) 앞에서 | 구상   78
가을에 | 정한모   80
사랑의 찬가 | 네르발   83
남신의주 유동 박시봉방(南信義州柳洞朴時逢方) | 백석   84
풍장(風葬)·1 | 황동규   87
삶이 그대를 속일지라도 | 푸슈킨   90
벼 | 이성부   91
새들도 세상을 뜨는구나 | 황지우   93
유령 | 보들레르   95
동방(東邦)의 등불 | 타고르   97
겨울 바다 | 김남조   99
눈 | 김수영   101
로렐라이 | 하이네   103
가을 날 | 릴케   105
풀잎 | 박성룡   106
우라카 물이 되어 | 강은교   108
그대는 나의 전부입니다 | 파블로 네루다   110
낙엽 | 구르몽   113
자수(刺繡) | 허영자   116
사슴 | 노천명   118
지란지교를 꿈꾸며 | 유안진   119
인생찬가 | 롱펠로   125
바다의 소슬바람 | 밀라르메   128
이별 | 바이런   130

3장_ 그대의 귀에 바다가 들어오리

상현(上弦) | 나희덕 134
추일(秋日)서정 | 김광균 135
사랑 | 드라이든 137
수선화 | 워즈워스 139
저녁눈 | 박용래 141
날아라, 시간의 포충망에 붙잡힌 우울한 몽상이여 | 장석주 142
개의 반박 | 루쉰 148
아가(雅歌)·6 | 신달자 150
눈물 | 김현승 152
낡은 집 | 이용악 154
이니스프리 호수 섬 | 예이츠 158
바다와 나비 | 김기림 159
물레질하는 여인의 노래 | 브렌타노 160
사랑은 아픔을 위해 존재합니다 | 칼릴 지브란 162
꽃 | 김춘수 164
광야 | 이육사 166
해 | 박두진 168
온종일 | 프뢰딩 170
차라리 침묵하세요 | 밀란 쿤데라 171
껍데기는 가라 | 신동엽 175
피아노 | 전봉건 177
동천(冬天) | 서정주 178
가던 길 멈춰서서 | 워리엄 헨리 데이비스 179
어느 인생의 사랑 | 브라우닝 181
빛나는 별이여 | 키츠 182

4장_ 그대의 가슴에 하늘이 싹트리

님의 침묵 | 한용운   186
달밤에 친구는 오지 않고 | 백거이   188
한 잎의 여자 | 오규원   190
그대는 내게서 본다 | 셰익스피어   191
아, 해바라기여 | W 브레이크   192
나그네 | 박목월   193
불놀이 | 주요한   194
낙화 | 이형기   198
엄마 걱정 | 기형도   200
나 자신의 노래·6 | 휘트먼   202
마리아의 노래 | 노발리스   206
승무(僧舞) | 조지훈   207
거울 | 이상   209
비오는 창 | 송욱   211
햇살에게 | 정호승   212
향수 | 정지용   213
노동의 새벽 | 박노해   217
남해금산 | 이성복   220
사랑하는 그대여, 나 죽거든 | 로제티   221
저문 강에 삽을 씻고 | 정화성   223
문의(文義)마을로 가서 | 고은   225
성북동 비둘기 | 김광섭   228
목계장터 | 신경림   230
춘망(春望) | 두보   232
서울에 사는 평강공주 | 박라연   234
소망의 시·1 | 서정윤   236

시인 소개   238

1장

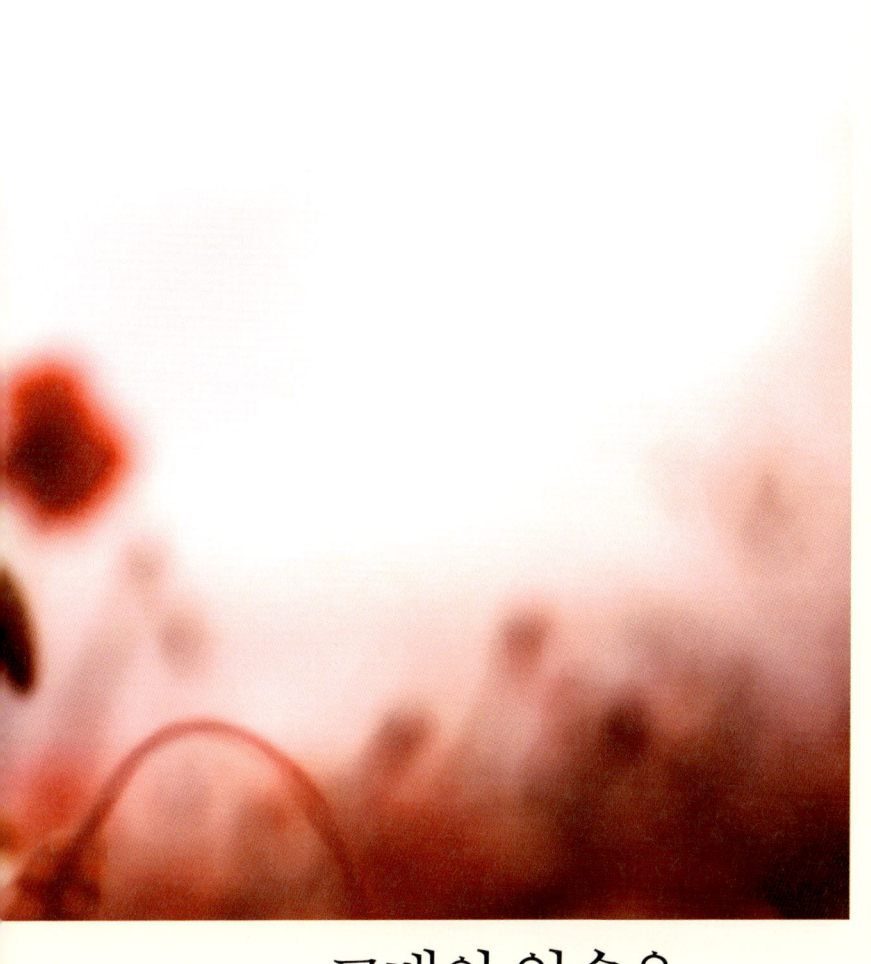

그대의 입술은
꽃으로 말하리

별 헤는 밤

윤동주

계절이 지나가는 하늘에는
가을로 가득 차 있습니다.
나는 아무 걱정도 없이
가을 속에 별들을 다 헤일 듯합니다.

가슴속에 하나 둘 새겨지는 별을
이제 다 못 헤는 것은
쉬이 아침이 오는 까닭이요,
내일 밤이 남은 까닭이요,
아직 나의 청춘이 다하지 않은 까닭입니다.

별 하나에 추억과
별 하나에 사랑과
별 하나에 쓸쓸함과
별 하나에 동경과

별 하나에 시와
별 하나에 어머니, 어머니,

어머님, 나는 별 하나에 아름다운 말 한마디씩 불러 봅니다. 소학교 때 책상을 같이 했던 아이들의 이름과 패, 경, 옥, 이런 이국 소녀들의 이름과, 벌써 아기 어머니된 계집애들의 이름과, 가난한 이웃 사람들의 이름과, 비둘기, 강아지, 토끼, 노새, 노루, '프랑시스 잠', '라이너 마리아 릴케', 이런 시인의 이름을 불러 봅니다.

이네들은 너무나 멀리 있습니다.
별이 아슬히 멀 듯이.

어머님,
그리고 당신은 멀리 북간도에 계십니다.

나는 무엇인지 그리워
이 많은 별빛이 내린 언덕 위에
내 이름자를 써 보고,
흙으로 다시 덮어 버리었습니다.
딴은 밤을 새워 우는 벌레는
부끄러운 이름을 슬퍼하는 까닭입니다.
그러나, 겨울이 지나고 나의 별에도 봄이 오면,
무덤 위에 파란 잔디가 피어나듯이
내 이름자 묻힌 언덕 위에도
자랑처럼 풀이 무성할 게외다.

너에게 묻는다

안도현

연탄재 함부로 발로 차지 마라.
너는
누구에게 한 번이라도 뜨거운 사람이었느냐.

그 먼 나라를 알으십니까

신석정

어머니,
당신은 그 먼 나라를 알으십니까?

깊은 삼림 지대를 끼고 돌면
고요한 호수에 흰 물새 날고
좁은 들길에 들장미 열매 붉어
멀리 노루 새끼 마음놓고 뛰어다니는
아무도 살지 않는 그 먼 나라를 알으십니까?
그 나라에 가실 때에는 부디 잊지 마셔요.
나와 같이 그 나라에 가서 비둘기를 키웁시다.

어머니,
당신은 그 먼 나라를 알으십니까?

산비탈 넌지시 타고 내려오면

양지밭에 흰 염소 한가히 풀 뜯고
길 솟는 옥수수밭에 해는 저물어 저물어
먼 바다 물 소리 구슬피 들려오는
아무도 살지 않는 그 먼 나라를 알으십니까?

어머니, 부디 잊지 마셔요.
그때 우리는 어린 양을 몰고 돌아옵시다.

어머니,
당신은 그 먼 나라를 알으십니까?
오월 하늘에 비둘기 멀리 날고
오늘처럼 촐촐히 비가 내리면
꿩 소리도 유난히 한가롭게 들리리다.
서리가마귀 높이 날아 산국화 더욱 곱고
노란 은행잎이 한들한들 푸른 하늘에 날리는

가을이면 어머니, 그 나라에서

양지밭 과수원에 꿀벌이 잉잉거릴 때
나와 함께 그 새빨간 능금을 또옥 똑 따지 않으렵니까?

진달래꽃

김소월

나 보기가 역겨워

가실 때에는

말없이 고이 보내 드리오리다.

영변에 약산

진달래꽃

아름 따다 가실 길에 뿌리오리다.

가시는 걸음걸음

놓인 그 꽃을

사뿐히 즈려 밟고 가시옵소서.

나 보기가 역겨워

가실 때에는

죽어도 아니 눈물 흘리오리다.

성탄제(聖誕祭)

김종길

어두운 방 안엔
빠알간 숯불이 피고,

외로이 늙으신 할머니가
애처로이 잦아드는 어린 목숨을 지키고 계시었다.

이윽고 눈 속을
아버지가 약을 가지고 돌아오시었다.

아 아버지가 눈을 헤치고 따오신
그 붉은 산수유 열매—

나는 한 마리 어린 짐승,
젊은 아버지의 서느런 옷자락에

열로 상기한 볼을 말없이 부비는 것이었다.

이따금 뒷문을 눈이 치고 있었다.
그날 밤이 어쩌면 성탄제의 밤이었을지도 모른다.

어느새 나도
그때의 아버지만큼 나이를 먹었다.

옛것이란 거의 찾아볼 길 없는
성탄제 가까운 도시에는
이제 반가운 그 옛날의 것이 내리는데,

서러운 서른 살 나의 이마에
불현듯 아버지의 서느런 옷자락을 느끼는 것은,

눈 속에 따오신 산수유 붉은 알알이
아직도 내 혈액 속에 녹아 흐르는 까닭일까.

귀천(歸天)

천상병

나 하늘로 돌아가리라.
새벽빛 와 닿으면 스러지는
이슬 더불어 손에 손을 잡고,

나 하늘로 돌아가리라.
노을빛 함께 단둘이서
기슭에서 놀다가 구름 손짓하면은,

나 하늘로 돌아가리라.
아름다운 이 세상 소풍 끝내는 날,
가서, 아름다웠더라고 말하리라……

희미한 옛사랑의 그림자

김광규

4·19가 나던 해 세밑
우리는 오후 다섯 시에 만나
반갑게 악수를 나누고
불도 없이 차가운 방에 앉아
하얀 입김 뿜으며
열띤 토론을 벌였다.
어리석게도 우리는 무엇인가를
정치와는 전혀 관계 없는 무엇인가를
위해서 살리라 믿었던 것이다.
결론 없는 모임을 끝낸 밤
혜화동 로터리에서 대포를 마시며
사랑과 아르바이트와 병역 문제 때문에
우리는 때묻지 않은 고민을 했고
아무도 귀기울이지 않는 노래를
누구도 흉내낼 수 없는 노래를

저마다 목청껏 불렀다.
돈을 받지 않고 부르는 노래는
겨울밤 하늘로 올라가
별똥별이 되어 떨어졌다.

그로부터 18년 오랜만에
우리는 모두 무엇인가 되어
혁명이 두려운 기성 세대가 되어
넥타이를 매고 다시 모였다.
회비를 만 원씩 걷고
처자식들의 안부를 나누고
월급이 얼마인가 서로 물었다.
치솟는 물가를 걱정하며
즐겁게 세상을 개탄하고
익숙하게 목소리를 낮추어

떠도는 이야기를 주고받았다.
모두가 살기 위해 살고 있었다.
아무도 이젠 노래를 부르지 않았다.
적잖은 술과 비싼 안주를 남긴 채
우리는 달라진 전화번호를 적고 헤어졌다.
몇이서는 포커를 하러 갔고
몇이서는 춤을 추러 갔고
몇이서는 허전하게 동숭동 길을 걸었다.
돌돌 말은 달력을 소중하게 옆에 끼고
오랜 방황 끝에 되돌아온 곳
우리의 옛사랑이 피흘린 곳에
낯선 건물들 수상하게 들어섰고
플라타너스 가로수들은 여전히 제자리에 서서
아직도 남아 있는 몇 개의 마른 잎 흔들며
우리의 고개를 떨구게 했다.

부끄럽지 않은가
부끄럽지 않은가
바람의 속삭임 귓전으로 흘리며

우리는 짐짓 중년기의 건강을 이야기했고
또 한 발짝 깊숙이 늪으로 발을 옮겼다.

섬

정현종

사람들 사이에 섬이 있다.
그 섬에 가고 싶다.

목마(木馬)와 숙녀

박인환

한 잔의 술을 마시고
우리는 버지니아 울프의 생애와
목마를 타고 떠난 숙녀의 옷자락을 이야기한다.
목마는 주인을 버리고 거저 방울소리만 울리며
가을 속으로 떠났다. 술병에서 별이 떨어진다.
상심한 별은 내 가슴에 가볍게 부서진다.
그러한 잠시 내가 알던 소녀는
정원의 초목 옆에서 자라고
문학이 죽고 인생이 죽고
사랑의 진리마저 애증의 그림자를 버릴 때
목마를 탄 사랑의 사람은 보이지 않는다.
세월은 가고 오는 것
한때는 고립을 피하여 시들어 가고
이제 우리는 작별하여야 한다.
술병이 바람에 쓰러지는 소리를 들으며

늙은 여류 작가의 눈을 바라다보아야 한다.

……등대……
불이 보이지 않아도
그저 간직한 페시미즘의 미래를 위하여
우리는 처량한 목마 소리를 기억하여야 한다.
모든 것이 떠나든 죽든
그저 가슴에 남은 희미한 의식을 붙잡고
우리는 버지니아 울프의 서러운 이야기를 들어야 한다.
두 개의 바위 틈을 지나 청춘을 찾은 뱀과 같이
눈을 뜨고 한 잔의 술을 마셔야 한다.
인생은 외롭지도 않고
그저 잡지의 표지처럼 통속하거늘
한탄할 그 무엇이 무서워서 우리는 떠나는 것일까
목마는 하늘에 있고

방울 소리는 귓전에 철렁거리는데
가을 바람 소리는
내 쓰러진 술병 속에 목메어 우는데—.

가지 않은 길

프로스트

노란 숲 속에 두 갈래 길이 있었습니다.
나는 두 길을 다 가지 못하는 것을
안타깝게 생각하면서
오랫동안 서서 한 길이 굽어 꺾여 내려간 데까지,
바라다볼 수 있는 데까지 멀리 바라다보았습니다.

그리고 똑같이 아름다운 다른 길을 택했습니다.
그 길에 풀이 더 있고 사람이 걸은 자취가 적어
아마 더 걸어야 될 길이라고 나는 생각했던 겁니다.
그 길을 걸으므로 그 길도 거의 같아질 것이지만.

그날 아침 두 길에는
낙엽을 밟은 자취는 없었습니다.
아, 나는 다음날을 위하여
한 길은 남겨 두었습니다.

길은 길에 연하여 끝없으므로
내가 다시 돌아올 것을 의심하면서….

먼먼 훗날에 나는 어디선가
한숨을 쉬며 이야기할 것입니다.
숲 속에 두 갈래 길이 있었다고,
나는 사람이 적게 간 길을 택하였다고,
그리고 그것 때문에 모든 것이 달라졌다고.

행복

유치환

―사랑하는 것은
사랑을 받느니보다 행복하나니라.
오늘도 나는
에메랄드 빛 하늘이 환히 내다뵈는
우체국 창문 앞에 와서
너에게 편지를 쓴다.

행길을 향한 문으로 숱한 사람들이
제각기 한 가지씩 생각에 족한 얼굴로 와선
총총히 우표를 사고 전보지를 받고
먼 고향으로 또는 그리운 사람께로
슬프고 즐겁고 다정한 사연들을 보내나니.

세상의 고달픈 바람결에 시달리고 나부끼어
더욱더 의지 삼고 피어 흥클어진

인정의 꽃밭에서
너와 나의 애틋한 연분도
한 방울 연련한 진홍빛 양귀비꽃인지도 모른다.

―사랑하는 것은
사랑을 받느니보다 행복하나니라.
오늘도 나는 너에게 편지를 쓰나니
―그리운 이여, 그러면 안녕!

설령 이것이 이 세상 마지막 인사가 될지라도
사랑하였으므로 나는 진정 행복하였네라.

지옥에서 보낸 한 철

랭보

예전에, 내 기억이 정확하다면
나의 삶은 모든 사람들이 가슴을 열고
온갖 술이 흐르는 축제였다.
어느 날 저녁,
나는 무릎에 아름다움을 앉혔다.
그런데 가만히 보니 그녀는 맛이 썼다.
그래서 욕설을 퍼부어 주었다.
나는 정의에 대항했다.
나는 도망쳤다.
오 마녀들이여, 오 비참이여,
오 증오여,
내 보물은 바로 너희들에게 맡겨졌다.

나는 마침내 나의 정신 속에서
인간적 희망을 온통 사라지게 만들었다.

인간적 희망의 목을 조르는 완전한 기쁨에 겨워
나는 사나운 짐승처럼 음험하게 날뛰었다.

나는 사형집행인들을 불러들여, 죽어가면서
그들의 총 개머리판을 물어뜯었다.
나는 재앙을 불러들였고,
그리하여 모래와 피로 숨이 막혔다.

불행은 나의 신이었다.
나는 진창 속에 길게 쓰러졌다.
나는 범죄의 공기에 몸을 말렸다.
그리고는 광적으로 못된 곡예를 했다.

하여 봄은
나에게 백치의 끔찍한 웃음을 일으켰다.

그런데 아주 최근에 하마터면 마지막
'꾸악' 소리를 낼 뻔했을 때
나는 옛 축제의 열쇠를 찾으려고 마음먹었다.
거기에서라면 아마 욕구가 다시 생겨날 것이다.
자비가 그 열쇠이다.
이런 발상을 하다니
나는 꿈꾸어 왔나 보다.

'너는 언제까지나 하이에나이리라, 등등······'
그토록 멋진 양귀비꽃으로
나에게 화관을 씌워 준
악마가 소리 지른다.
'너의 모든 욕구들, 너의 이기심,
그리고 너의 큰 죄업들로 죽음을 얻어라'
아! 나는 그것들을 실컷 맞이했다.

하지만 친애하는 사탄이여, 간청하노니
눈동자에서 화를 거두시라!

하여 나는 뒤늦게 몇몇
하찮은 비열한 것을 기다리면서
글쟁이에게서 묘사하거나
훈계하는 역량의 부재를
사랑하는 당신을 위해
내 악마에 들린 자의 수첩에서
이 흉측스런 몇 장을 뜯어내 덧붙인다.

모란이 피기까지는

김영랑

모란이 피기까지는,
나는 아직 나의 봄을 기다리고 있을 테요.
모란이 뚝뚝 떨어져 버린 날,
나는 비로소 봄을 여읜 설움에 잠길 테요.
오월 어느 날, 그 하루 무덥던 날,
떨어져 누운 꽃잎마저 시들어 버리고는
천지에 모란은 자취도 없어지고,
뻗쳐 오르던 내 보람 서운케 무너졌느니,
모란이 지고 말면 그뿐, 내 한 해는 다 가고 말아,
삼백예순 날 하냥 섭섭해 우옵내다.
모란이 피기까지는,
나는 아직 봄을 기다리고 있을 테요, 찬란한 슬픔의 봄을.

해(海)에게서 소년(少年)에게

최남선

1

처얼썩 처얼썩 척 쏴아아.
때린다 부순다 무너버린다.
태산 같은 높은 뫼 집채 같은 바윗돌이나
요것이 무어야 요게 무어야.
나의 큰 힘 아느냐 모르느냐 호통까지 하면서
때린다 부순다 무너버린다.
처얼썩 처얼썩 튜르릉 콱.

2

처얼썩 처얼썩 척 쏴아아.
내게는 아무 것 두려움 없어
육상에서 아무런 힘과 권(權)을 부리던 자라도,
내 앞에 와서는 꼼짝 못하고
아무리 큰 물건도 내게는 행세하지 못하네.

내게는 내게는 나의 앞에는

처얼썩 처얼썩 튜르릉 콱.

3

처얼썩 처얼썩 척 쏴아아.

나에게 절하지 아니한 자가,

지금까지 있거든 통기하고 나서 보아라.

진시황, 나파륜 너희들이냐.

누구 누구 누구냐 너희 역시 내게는 굽히도다.

나하고 겨룰 이 있건 오너라.

처얼썩 처얼썩 튜르릉 콱.

4

처얼썩 처얼썩 척 쏴아아.

조그만 산(山)모를 의지하거나

좁쌀 같은 작은 섬 손뼘만한 땅을 가지고
그 속에 있어서 영악한 체를
부리면서 나 혼자 거룩하다 하는 자
이리 좀 오너라 나를 보아라.
처얼썩 처얼썩 튜르릉 쾅.

5
처얼썩 처얼썩 척 쏴아아.
나의 짝 될 이는 하나 있도다.
크고 깊고 너르게 뒤덮은 바 저 푸른 하늘
저것은 우리와 틀림이 없어
작은 시비 작은 쌈 온갖 모든 더러운 것 없도다.
저 따위 세상에 저 사람처럼
처얼썩 처얼썩 튜르릉 쾅.

6
처얼썩 처얼썩 척 쏴아아.
저 세상 저 사람 모두 미우나
그 중에서 똑 하나 사랑하는 일이 있으니
담 크고 순진한 소년배들이
재롱처럼 귀엽게 나의 품에 와서 안김이로다.
오너라 소년배 입맞춰 주마.
처얼썩 처얼썩 튜르릉 콱.

미라보 다리

아폴리네르

미라보 다리 아래 센 강은 흐르고
우리들 사랑도 흘러내린다.
내 마음 깊이 아로새기리.
기쁨은 언제나 고통 뒤에 오는 것을.

밤이여 오라, 종아 울려라.
세월은 흐르고 나는 남는다.

손에 손을 맞잡고 얼굴을 마주보면
우리들의 팔 아래 다리 밑으로
영원의 눈길을 한 지친 물결이
흐르는 동안.

밤이여 오라, 종아 울려라.
세월은 흐르고 나는 남는다.

사랑도 물결처럼 흘러내리고
우리들 사랑도 흘러내린다.
인생은 왜 이리 더디고
희망이란 왜 이리 격렬한가.

밤이여 오라, 종아 울려라.
세월은 흐르고 나는 남는다.

나날은 흘러가고 달도 흐르고
지나간 세월도 흘러만 간다.
우리들 사랑은 오지 않는데
미라보 다리 아래 센 강은 흐른다.

밤이여 오라, 종아 울려라.
세월은 흐르고 나는 남는다.

당신을 사랑하기에

헤르만 헤세

당신을 사랑하기에 밤에 나는
그토록 설레며 당신께 가서 속삭였지요.
당신이 나를 영원히 잊지 못하도록
당신의 마음을 따 왔었지요.

당신 마음은 나와 함께 있으니
좋든 싫든 오로지 내 것이랍니다.
설레며 불타오르는 내 사랑에서
어떤 천사라도 그대를 앗아가진 못해요.

우리 오빠와 화로

임화

사랑하는 우리 오빠, 어저께 그만 그렇게 위하시던 오빠의 거북무늬 질화로가 깨어졌어요.
언제나 오빠가 우리들의 '피오닐' 조그만 기수라 부르는 영남이가
지구에 해가 비친 하루의 모든 시간의 담배의 독기 속에다
어린 몸을 잠그고 사온 그 거북무늬 화로가 깨어졌어요.

그리하여 지금은 화젓가락만이 불쌍한 영남이하고 저하고처럼
똑 우리 사랑하는 오빠를 잃은 남매와 같이 외롭게 벽에 가
나란히 걸렸어요.
오빠!
저는요 저는요 잘 알았어요.
왜 그날 오빠가 우리 두 동생을 떠나 그리로 들어가실 그날 밤에
연거푸 말은 궐련을 세 개씩이나 피우시고 계셨는지,

저는요 잘 알았어요. 오빠!

언제나 철없는 제가 오빠가 공장에서 돌아와서 고단한 저녁
을 잡수실 때 오빠 몸에서 신문지 냄새가 난다고 하면
오빠는 파란 얼굴에 피곤한 웃음을 웃으시며
……네 몸에서는 누에 똥내가 나지 않니
하시던 세상에 위대하고 용감한 우리 오빠가 왜 그날만
말 한 마디 없이 담배 연기로 방 속을 메워 버리시던 우리 용
감한 오빠의 마음을 저는 잘 알았어요.
천장을 향하여 기어 올라가는 외줄기 담배 연기 속에서 오빠
의 강철 가슴속에 박힌 위대한 결정과 성스러운 각오를 저는
분명히 보았어요.
그리하여 제가 영남이의 버선 하나도 채 못 기웠을 동안에
문지방을 때리는 쇳소리 마루를 밟는 거치른 구두소리와 함
께 가버리지 않으셨어요.

그러면서도 사랑하는 우리 위대한 오빠는 불쌍한 저희 남매의 근심을 담배 연기에 싸두고 가지 않으셨어요.
오빠! 그래서 저도 영남이도
오빠와 또 가장 위대한 용감한 오빠 친구들의 이야기가 세상을 뒤집을 때
저는 제사기(製絲機)를 떠나서 백장에 일전짜리 봉통(封筒)에 손톱을 뚜러트리고
영남이도 담배 냄새 구렁을 내쫓겨 봉통 꽁무니를 뭅니다.
지금—만국 지도 같은 누더기 밑에서 코를 고을고 있습니다.

오빠! 그러나 염려는 마세요.
저는 용감한 이 나라 청년인 우리 오빠의 핏줄을 같이한 계집애이고,
영남이도 오빠도 늘 칭찬하던 쇠 같은 거북무늬 화로를 사온 오빠의 동생이 아니에요?

그리고 참, 오빠, 아까 그 젊은 나머지 오빠의 친구들이 왔다 갔습니다.
눈물나는 우리 오빠 동무의 소식을 전해주고 갔어요.
사랑스런 용감한 청년들이었습니다.
세상에 가장 위대한 청년들이었습니다.
화로는 깨어져도 화젓갈은 깃대처럼 남지 않았어요
우리 오빠는 가셨어도 귀여운 '피오닐' 영남이가 있고
그리고 모든 어린 '피오닐'의 따뜻한 누이 품 제 가슴이 아직도 더웁습니다.

그리고 오빠!
저뿐이 사랑하는 오빠를 잃고 영남이뿐이, 굳세인 형님을 보낸 것이겠습니까?
섧지도 않고 외롭지도 않습니다.
세상에 고마운 청년 오빠의 무수한 위대한 친구가 있고

오빠와 형님을 잃은, 수없는 계집아이와 동생
저희들의 귀한 동무가 있습니다.

그리하여 이 다음 일은 지금 섭섭한 분한 사건을 안고 있는
우리 동무 손에서 싸워질 것입니다.

오빠 오늘 밤을 새워 이만 장을 붙이면 사흘 뒤엔 새 솜옷이
오빠의 떨리는 몸에 입혀질 것입니다.

이렇게 세상의 누이동생과 아우는 건강히 오늘날마다를 싸움
에서 보냅니다.

영남이는 여태 잡니다. 밤이 늦었어요.

— 누이 동생

울음이 타는 가을 강

박재삼

마음도 한자리 못 앉아 있는 마음일 때
친구의 서러운 사랑 이야기를
가을 햇볕으로나 동무삼아 따라가면
어느새 등성이에 이르러 눈물나고나.

제삿날 큰집에 모이는 불빛도 불빛이지만
해질 녘 울음이 타는 가을 강을 보것네.

저것 봐, 저것 봐
네보담도 내보담도
그 기쁜 첫 사랑 산골 물소리가 사라지고
그 다음 사랑 끝에 생긴 울음까지 녹아나고
이제는 미칠 일 하나로 바다에 다 와가는
소리 죽은 가을 강을 처음 보것네.

사평역(沙平驛)에서

곽재구

막차는 좀처럼 오지 않았다.
대합실 밖에는 밤새 송이눈이 쌓이고
흰 보라 수수꽃 눈시린 유리창마다
톱밥난로가 지펴지고 있었다.
그믐처럼 몇은 졸고
몇은 감기에 쿨럭이고
그리웠던 순간들을 생각하며 나는
한 줌의 톱밥을 불빛 속에 던져 주었다.
내면 깊숙이 할 말들은 가득해도
청색의 손바닥을 불빛 속에 적셔 두고
모두들 아무 말도 하지 않았다.
산다는 것이 때론 술에 취한 듯
한 두름의 굴비 한 광주리의 사과를
만지작거리며 귀향하는 기분으로
침묵해야 한다는 것을

모두들 알고 있었다.
오래 앓은 기침소리와
쓴 약 같은 입술담배 연기 속에서
싸륵싸륵 눈꽃은 쌓이고
그래 지금은 모두들
눈꽃의 화음에 귀를 적신다.
자정 넘으면
낯설음도 뼈아픔도 다 설원인데
단풍잎 같은 몇 잎의 차창을 달고
밤열차는 또 어디로 흘러가는지
그리웠던 순간들을 호명하며 나는
한 줌의 눈물을 불빛 속에 던져 주었다.

타는 목마름으로

김지하

신새벽 뒷골목에
네 이름을 쓴다 민주주의여
내 머리는 너를 잊은 지 오래
내 발길은 너를 잊은 지 너무도 너무도 오래
오직 한 가닥 있어
타는 가슴속 목마름의 기억이
네 이름을 남몰래 쓴다 민주주의여

아직 동트지 않은 뒷골목 어딘가
발자국 소리 호르락 소리 문 두드리는 소리
외마디 길고 긴 누군가의 비명 소리
신음 소리 통곡 소리 탄식 소리 그 속에 내 가슴팍 속에
깊이 깊이 새겨지는 네 이름 위에
네 이름의 외로운 눈부심 위에
살아오는 삶의 아픔

살아오는 저 푸르른 자유의 추억
되살아오는 끌려가던 벗들의 피 묻은 얼굴
떨리는 손 떨리는 가슴
떨리는 치떨리는 노여움으로 나무판자에
백묵으로 서툰 솜씨로
쓴다.

숨죽여 흐느끼며
네 이름을 남몰래 쓴다.
타는 목마름으로
타는 목마름으로
민주주의여 만세.

첫사랑

괴테

아 누가 돌려주랴, 그 아름다운 날
그 첫사랑의 날을.
아, 누가 돌려주랴 그 아름다운 시절의
그 사랑스러운 때를.

쓸쓸히 나는 이 상처를 키우며
끊임없이 되살아나는 슬픔에
잃어버린 행복을 슬퍼하고 있으니
아, 누가 돌려주랴 그 아름다운 나날
첫사랑 그 즐거운 때를.

산비둘기

장 콕도

두 마리의 산비둘기가
상냥한 마음으로
서로 사랑을 하였습니다.

그 나머지는
말하지 않으렵니다.

휴전선

박봉우

산과 산이 마주 향하고 믿음이 없는 얼굴과 얼굴이 마주 향한 항시 어두움 속에서 꼭 한 번은 천둥 같은 화산이 일어날 것을 알면서 요런 자세로 꽃이 되어야 쓰는가.

저어 서로 응시하는 쌀쌀한 풍경. 아름다운 풍토는 이미 고구려 같은 정신도 신라 같은 이야기도 없는가. 별들이 차지한 하늘은 끝끝내 하나인데…… 우리 무엇에 불안한 얼굴의 의미는 여기에 있었던가.

모든 유혈(流血)은 꿈같이 가고 지금도 나무 하나 안심하고 서 있지 못할 광장. 아직도 정맥은 끊어진 채 휴식인가, 야위어 가는 이야기뿐인가.

언제 한 번은 불고야 말 독사의 혀같이 징그러운 바람이여. 너도 이미 아는 모진 겨우살이를 또 한 번 겪으라는가 아무런

죄도 없이 피어난 꽃은 시방의 자리에서 얼마를 더 살아야 하는가. 아름다운 길은 이뿐인가.

산과 산이 마주 향하고 믿음이 없는 얼굴과 얼굴이 마주 향한 항시 어두움 속에서 꼭 한 번은 천둥 같은 화산이 일어날 것을 알면서 요런 자세로 꽃이 되어야 쓰는가.

우울한 샹송

이수익

우체국에 가면
잃어버린 사랑을 찾을 수 있을까.
그 곳에서 발견한 내 사랑의
풀잎 되어 젖어 있는
비애(悲哀)를
지금은 혼미하여 내가 찾는다면
사랑은 또 처음의 의상(衣裳)으로
돌아올까.

우체국에 오는 사람들은
가슴에 꽃을 달고 오는데
그 꽃들은 바람에
얼굴이 터져 웃고 있는데
어쩌면 나도 웃고 싶은 것일까.
얼굴을 다치면서라도 소리내어

나도 웃고 싶은 것일까.

사람들은 그리움을 가득 담은 편지 위에
애정(愛情)의 핀을 꽂고 돌아들 간다.
그 때 그들 머리 위에서는
꽃불처럼 밝은 빛이 잠시
어리는데
그것은 저려오는 내 발등 위에
행복에 찬 글씨를 써서 보이는데
나는 자꾸만 어두워져서
읽질 못하고,

우체국에 가면
잃어버린 사랑을 찾을 수 있을까.
그 곳에서 발견한 내 사랑의

기진한 발걸음이 다시
도어를 노크
하면,
그 때 나는 어떤 미소를 띠어
돌아온 사랑을 맞이할까.

생의 한가운데서

휠덜린

누런 배 가지 휠 듯 달렸고
들장미는 흐드러지게 피어 있으며
기슭은 호수 향해 기울어져 있는데
아름다운 두 마리 백조
입맞춤에 취해 넋을 잃고
그 머리
해맑고 차가운 물 속에 담근다.

아아, 그러나 나는 이 겨울날
어디서 내 꽃을 꺾으랴.
어디서 햇빛을 참으며
어디서 땅 그림자 구하랴.
벽은 소리없이 싸늘하게
앞을 가로막고 있으며
바람 속 풍향계는 돌고 있다.

2장

그대의 눈이
노래를 좇으리

초토의 시·8 – 적군 묘지(敵軍墓地) 앞에서

구상

오호. 여기 줄지어 누웠는 넋들은
눈도 감지 못하였겠구나.

어제까지 너희의 목숨을 겨눠
방아쇠를 당기던 우리의 그 손으로
썩어 문드러진 살덩이와 뼈를 추려
그래도 양지 바른 두메를 골라
고이 파묻어 떼마저 입혔거니.
죽음은 이렇듯 미움보다도 사랑보다도
더욱 신비스러운 것이로다.

이 곳서 나와 너희의 넋들이
돌아가야 할 고향땅은 30리면
가로 막히고
무주공산(無主空山)의 적막만이

천만 근 나의 가슴을 억누르는데

살아서는 너희가 나와
미움으로 맺혔건만
이제는 오히려 너희의
풀지 못한 원한이
나의 바람 속에 깃들어 있도다.

손에 닿을 듯한 봄 하늘에
구름은 무심히도
북으로 흘러가고
어디서 울려 오는 포성(砲聲) 몇 발.
나는 그만 이 은원(恩怨)의 무덤 앞에
목놓아 버린다.

가을에

정한모

맑은 햇빛으로 반짝반짝 물들으며
가볍게 가을을 날으고 있는
나뭇잎,
그렇게 주고받는
우리들의 반짝이는 미소로도
이 커다란 세계를
넉넉히 떠받쳐 나갈 수 있다는 것을
믿게 해 주십시오.

흔들리는 종소리의 동그라미 속에서
엄마의 치마 곁에 무릎을 꿇고
모아 쥔 아가의
작은 손아귀 안에
당신을 찾게 해 주십시오.
이렇게 살아가는

우리의 어제 오늘이
마침내 전설 속에 묻혀 버리는
해저(海底) 같은 그날은 있을 수 없습니다.

달에는
은도끼로 찍어 낼
계수나무가 박혀 있다는
할머니의 말씀이
영원히 아름다운 진리임을
오늘도 믿으며 살고 싶습니다.

어렸을 적에
불같이 끓던 병석에서
한없이 밑으로만 떨어져 가던
그토록 아득하던 추락(墜落)과

그 속력으로
몇 번이고 까무러쳤던
그런 공포의 기억이 진리라는
이 무서운 진리로부터
우리들의 이 소중한 꿈을
꼭 안아 지키게 해 주십시오.

사랑의 찬가

네르발

여기 우리는
얼마나 찬란한 날을
보내고 있는가!
일렁이는 물결의
흔적처럼
권태는 슬픔으로 사라진다.
욕망밖에 없는
미친 듯한 정열에
취하는 시간이여!
쾌락 뒤에는
사라져 버리는
허무한 시간이여!

남신의주 유동 박시봉방(南信義州柳洞朴時逢方)

백석

어느 사이에 나는 아내도 없고, 또,
아내와 같이 살던 집도 없어지고,
그리고 살뜰한 부모며 동생들과도 멀리 떨어져서
그 어느 바람 세인 쓸쓸한 거리 끝에 헤매이었다.
바로 날도 저물어서,
바람은 더욱 세게 불고, 추위는 점점 더해 오는데,
나는 어느 목수(木手)네 집 헌 샅을 깐
한 방에 들어서 쥔을 붙이었다.
이리하여 나는 이 습내나는 춥고, 누긋한 방에서
낮이나 밤이나 나는 나 혼자도 너무 많은 것같이 생각하며
딜옹배기에 북덕불이라도 담겨 오면
이것을 안고 손을 쬐며 재 우에 뜻없이 글자를 쓰기도 하며
또 문 밖에 나가지두 않구 자리에 누어서,
머리에 손깍지벼개를 하고 굴기도 하면서,
나는 내 슬픔이며 어리석음이며를 소처럼 연하여 쌔김질하는

것이었다.

내 가슴이 꽉 메어 올 적이며

내 눈에 뜨거운 것이 핑 괴일 적이며

또 내 스스로 화끈 낯이 붉도록 부끄러울 적이며

나는 내 슬픔과 어리석음에 눌리어 죽을 수밖에 없는 것을 느끼는 것이었다

그러나 잠시 뒤에 나는 고개를 들어

허연 문창을 바라보든가 또 눈을 떠서 높은 천정을 쳐다보는 것인데

이때 나는 내 뜻이며 힘으로, 나를 이끌어 가는 것이 힘든 일인 것을 생각하고

이것들보다 더 크고, 높은 것이 있어서, 나를 마음대로 굴려 가는 것을 생각하는 것인데

이렇게 하여 여러 날이 지나는 동안에

내 어지러운 마음에는 슬픔이며, 한탄이며, 가라앉을 것은 차

츰 앙금이 되어 가라앉고
외로운 생각이 드는 때쯤 해서는
더러 나줏손에 쌀랑쌀랑 싸락눈이 와서 문창을 치기도 하는 때도 있는데
나는 이런 저녁에는 화로를 더욱 다가끼며, 무릎을 꿇어보며
어느 먼 산 뒤옆에 바우섶에 따로 외로이 서서
어두어오는데 하이야니 눈을 맞을, 그 마른 잎새에는
쌀랑쌀랑 소리도 나며 눈을 맞을
그 드물다는 굳고 정한 갈매나무라는 나무를 생각하는 것이었다.

풍장(風葬) · 1

황동규

내 세상 뜨면 풍장시켜 다오.
섭섭하지 않게
옷은 입은 채로 전자시계는 가는 채로
손목에 달아놓고
아주 춥지는 않게
가죽가방에 넣어 전세 택시에 싣고
군산(群山)에 가서
검색이 심하면
곰소쯤에 가서
통통배에 옮겨 실어다오.

가방 속에서 다리 오그리고
그러나 편안히 누워 있다가
선유도 지나 무인도 지나 통통 소리 지나
배가 육지에 허리 대는 기척에

잠시 정신을 잃고

가방 벗기우고 옷 벗기우고

무인도의 늦가을 차가운 햇빛 속에

구두와 양말도 벗기우고

손목시계 부서질 때

남몰래 시간을 떨어뜨리고

바람 속에 익은 붉은 열매에서 툭툭 튕기는 씨들을

무연히 안 보이듯 바라보며

살을 말리게 해다오.

어금니에 박혀 녹스는 백금(白金) 조각도

바람 속에 빛나게 해다오.

바람을 이불처럼 덮고

화장(化粧)도 해탈(解脫)도 없이

이불 여미듯 바람을 여미고

마지막으로 몸의 피가 다 마를 때까지
바람과 놀게 해다오.

삶이 그대를 속일지라도

푸슈킨

비록 삶이 그대를 속일지라도
서러워하거나 노하지 마라.
슬픔의 날엔 마음 가다듬고
자신을 믿으라.
이제 곧 기쁨의 날이 오리라.

마음은 내일에 사는 것
오늘 비록 비참할지라도
모든 것은 순간적이며
그것들은 한결같이 지나가 버리고
지나간 것은 값진 것이다.

벼

이성부

벼는 서로 어우러져
기대고 산다.
햇살 따가워질수록
깊이 익어 스스로를 아끼고
이웃들에게 저를 맡긴다.

서로가 서로의 몸을 묶어
더 튼튼해진 백성들을 보아라.
죄도 없이 죄 지어서는 더욱 불타는
마음들을 보아라. 벼가 춤출 때,
벼는 소리없이 떠나간다.

벼는 가을하늘에도
서러운 눈 씻어 맑게 다스릴 줄 알고
바람 한 점에도

제 몸의 노여움을 덮는다.
저의 가슴도 더운 줄을 안다.

벼가 떠나가며 바치는
이 넓디넓은 사랑,
쓰러지고 쓰러지고 다시 일어서서 드리는
이 피 묻은 그리움,
이 넉넉한 힘…….

새들도 세상을 뜨는구나

황지우

영화가 시작하기 전에 우리는
일제히 일어나 애국가를 경청한다.
삼천리 화려 강산의
을숙도에서 일정한 군을 이루며
갈대 숲을 이룩하는 흰 새 떼들이
자기들끼리 끼룩거리면서
자기들끼리 낄낄대면서
일렬 이열 삼렬 횡대로 자기들의 세상을
이 세상에서 떼어 메고
이 세상 밖 어디론가 날아간다.
우리도 우리들끼리
낄낄대면서
깔쭉대면서
우리의 대열을 이루며
한 세상 떼어 메고

이 세상 밖 어디론가 날아갔으면
하는데 대한 사람 대한으로
길이 보전하세로
각각 자기 자리에 앉는다.
주저앉는다.

유령

보들레르

갈색 눈의 천사처럼
나 그대의 침실로 찾아가
밤의 어둠과 함께 조용히
그대에게로 숨어들리.

그리하여 나 그대에게, 갈색의 여인이여!
달빛처럼 차가운 입맞춤과
구덩이 주위를 기어다니는 뱀의
애무를 해주리.

그리고 창백한 아침이 오면
그대, 밤까지 싸늘할
나의 빈 자리를 보리.

그대의 생명과 젊음에

남들은 애정으로 대하여도
나는 공포로 군림하리.

동방(東邦)의 등불

타고르

일찍이 아시아의 황금 시기에
빛나던 등불의 하나였던 코리아,
그 등불 다시 한 번 켜지는 날에
너는 동방의 밝은 빛 되리라.
마음에는 두려움이 없고
머리는 높이 쳐들린 곳.
지식은 자유롭고
좁다란 담벽으로 세계가 조각조각
갈라지지 않는 곳.
진실의 깊은 속에서 말끔히 솟아나는 곳.
쉼 없는 노력이 완성을 향해 팔을 벌리는 곳.
지성의 맑은 흐름이
굳어진 습관의 모래 벌판에 길 잃지 않는 곳.
끝없이 펴져 나가는 생각과 행동으로
우리들의 마음이 인도되는 곳.

그러한 자유의 천국으로
내 마음의 조국 코리아여 잠을 깨소서.

겨울 바다

김남조

겨울 바다에 가 보았지
미지(未知)의 새
보고 싶던 새들은 죽고 없었네.

그대 생각을 했건만도
매운 해풍에
그 진실마저 눈물져 얼어 버리고

허무의 불
물 이랑 위에 불붙어 있었네.

나를 가르치는 건
언제나 시간……
끄덕이며 끄덕이며 겨울 바다에 섰었네.
남은 날은

적지만

기도를 끝낸 다음
더욱 뜨거운 혼령을 갖게 하소서.
남은 날은 적지만……

겨울 바다에 갔었지
인고(忍苦)의 물이
수심(水深) 속에 기둥을 이루고 있었네.

눈

김수영

눈은 살아 있다.
떨어진 눈은 살아 있다.
마당 위에 떨어진 눈은 살아 있다.

기침을 하자.
젊은 시인이여 기침을 하자.
눈 위에 대고 기침을 하자.
눈더러 보라고 마음놓고 마음놓고
기침을 하자.

눈은 살아 있다.
죽음을 잊어버린 영혼과 육체를 위하여
눈은 새벽이 지나도록 살아 있다.

기침을 하자.

젊은 시인이여 기침을 하자.
눈을 바라보며
밤새도록 고인 가슴의 가래라도
마음껏 뱉자.

로렐라이

하이네

이토록 슬픈 것이
무엇을 뜻하는지 나는 알 수 없네.
옛날부터 전해오는 이야기 하나
내 마음에서 떠나지 않네.

바람은 차고 날은 저물어
라인 강은 조용히 흘러가네.
저녁 햇살에
산마루가 빛나는데.

그 위 놀라운 모습으로
아리따운 처녀 앉아 있네.
그녀의 금 장신구 번쩍이고
그녀는 금발을 빗질하고 있네.
황금 빗으로 빗질하며

노래를 부르네.
경이롭고 마력적인 멜로디가
거기 담겨져 있다네.

작은 배를 탄 뱃사공
노랫소리에, 거친 비애에 사로잡히네.
그는 암초에는 눈을 두지 않고
높이 산 위쪽만 바라보네.

드디어는 뱃사공과 배를
물결이 삼켜 버릴 것으로 나는 믿네.
로렐라이가 그녀의 노래로
그렇게 했던 것처럼.

가을 날

릴케

주여, 시간이 되었습니다. 여름은 참으로 위대했습니다.
해시계 위에 당신의 그림자 얹으시고
들판에 바람을 풀어 주옵소서.

마지막 열매를 알차게 하시고
이틀만 더 남녘의 빛을 주시어
무르익도록 재촉하시고
마지막 단맛이 짙은 포도에 스미게 하소서.

지금 집이 없는 사람은 집을 짓지 못합니다.
지금 홀로인 사람은 오래도록 그렇게 살 것이며
잠자지 않고, 읽고, 긴 편지를 쓸 것이며
바람에 나뭇잎이 구를 때면 불안스레이
이리저리 가로수 사이를 헤맬 것입니다.

풀잎

박성룡

풀잎은
퍽도 아름다운 이름을 가졌어요.
우리가 '풀잎' 하고 그를 부를 때는,
우리들의 입 속에서는 푸른 휘파람 소리가 나거든요.

바람이 부는 날의 풀잎들은
왜 저리 몸을 흔들까요.
소나기가 쏟아지는 날의 풀잎들은
왜 저리 또 몸을 통통거릴까요.

그러나 풀잎은
퍽도 아름다운 이름을 가졌어요.
우리가 '풀잎' '풀잎' 하고 자꾸 부르면,
우리의 몸과 맘도 어느덧
푸른 풀잎이 돼 버리거든요.

우리가 물이 되어

강은교

우리가 물이 되어 만난다면
가문 어느 집에선들 좋아하지 않으랴.
우리가 키 큰 나무와 함께 서서
우르르 우르르 비 오는 소리로 흐른다면.

흐르고 흘러서 저물녘엔
저 혼자 깊어지는 강물에 누워
죽은 나무 뿌리를 적시기도 한다면.
아아, 아직 처녀인
부끄러운 바다에 닿는다면.

그러나 지금 우리는
불로 만나려 한다.
벌써 숯이 된 뼈 하나가
세상에 불타는 것들을 쓰다듬고 있나니

만리 밖에서 기다리는 그대여
저 불 지난 뒤에
흐르는 물로 만나자.
푸시시 푸시시 불 꺼지는 소리로 말하면서
올 때는 인적 그친
넓고 깨끗한 하늘로 오라.

그대는 나의 전부입니다

파블로 네루다

당신은
해질 무렵
붉은 석양에 걸려있는
그리움입니다.
빛과 모양을 그대로
내가 가장 좋아하는 구름입니다.

그대는 나의 전부입니다.
부드러운 입술을 가진 그대여,
그대의 생명 속에는
나의 꿈이 살아 있습니다.
그대를 향한
변치 않는 꿈이 살아 숨쉬고 있습니다.

사랑에 물든

내 영혼의 빛은
그대의 발밑을
붉은 장밋빛으로 물들입니다.

오, 내 황혼의 노래를 거두는 사람이여,
내 외로운 꿈속 깊이 사무쳐 있는
그리운 사람이여,
그대는 나의 모든 것입니다.

석양이 지는 저녁
고요히 불어오는 바람 속에서
나는 소리 높여 노래하며
길을 걸어갑니다.

사랑하는 그대여,

내 영혼이

그대의 슬픈 눈가에 다시 태어나고

그대의 슬픈 눈빛에서부터 다시 시작 됩니다.

낙엽

구르몽

시몬, 나무잎새 져버린 숲으로 가자.
낙엽은 이끼와 돌과 오솔길을 덮고 있다.

시몬, 너는 좋으냐? 낙엽 밟는 소리가.

낙엽 빛깔은 정답고 모양은 쓸쓸하다.
낙엽은 버림받고 땅 위에 흩어져 있다.

시몬, 너는 좋으냐? 낙엽 밟는 소리가.

해질 무렵 낙엽의 모양은 쓸쓸하다.
바람에 흩어지며 낙엽은 상냥히 외친다.

시몬, 너는 좋으냐? 낙엽 밟는 소리가.

발로 밟으면 낙엽은 영혼처럼 운다.
낙엽은 날개 소리와 여자의 옷자락 소리를 낸다.

시몬, 너는 좋으냐? 낙엽 밟는 소리가.

가까이 오라, 우리도 언젠가는 낙엽이 되려니.
가까이 오라, 밤이 오고 바람이 분다.

시몬, 너는 좋으냐? 낙엽 밟는 소리가.

자수(刺繡)

허영자

마음이 어지러운 날은
수를 놓는다.

금실 은실 청홍실
따라서 가면
가슴 속 아우성은 절로 갈앉고

처음 보는 수풀
정갈한 자갈돌의
강변에 이르른다.

남향 햇볕 속에
수를 놓고 앉으면
세사번뇌
무궁한 사랑의 슬픔을

참아내올 듯

머언
극락정토 가는 길도
보일 상 싶다.

사슴

노천명

모가지가 길어서 슬픈 짐승이여,
언제나 점잖은 편 말이 없구나.
관이 향기로운 너는
무척 높은 족속이었나 보다.

물 속의 제 그림자를 들여다보고
잃었던 전설을 생각해 내고는,
어찌할 수 없는 향수에
슬픈 모가지를 하고
먼 데 산을 바라본다.

지란지교를 꿈꾸며

유안진

저녁을 먹고 나면 허물없이 찾아가 차 한잔을 마시고 싶다고 말할 수 있는 친구가 있었으면 좋겠다. 입은 옷을 갈아입지 않고 김치 냄새가 좀 나더라도 흉보지 않을 친구가 우리집 가까이에 있었으면 좋겠다.

비오는 오후나 눈 내리는 밤에 고무신을 끌고 찾아가도 좋을 친구, 밤늦도록 공허한 마음도 마음 놓고 열어 보일 수 있고, 악의 없이 남의 얘기를 주고받고 나서도 말이 날까 걱정되지 않는 친구가……

사람이 자기 아내나 남편, 제 형제나 제 자식하고만 사랑을 나눈다면 어찌 행복해질 수 있으랴. 영원이 없을수록 영원을 꿈꾸도록 서로 돕는 진실한 친구가 필요하리라.

그가 여성이어도 좋고 남성이어도 좋다. 나보다 나이가 많아도 좋고 동갑이거나 적어도 좋다. 다만 그의 인품은 맑은 강물처럼 조용하고 은근하며 깊고 신선하며, 예술과 인생을 소중히 여길 만큼 성숙한 사람이면 된다. 그는 반드시 잘 생길

필요가 없고, 수수하나 멋을 알고 중후한 몸가짐을 할 수 있으면 된다.

때로 약간의 변덕과 신경질을 부려도 그것이 애교로 통할 수 있을 정도면 괜찮고, 나의 변덕과 괜한 흥분에도 적절히 맞장구를 쳐 주고 나서, 얼마의 시간이 흘러 내가 평온해지거든 부드럽고 세련된 표현으로 충고를 아끼지 않았으면 좋겠다.

나는 많은 사람을 사랑하고 싶지 않다. 많은 사람과 사귀기도 원치 않는다. 나의 일생에 한두 사람과 끊어지지 않는 아름답고 향기로운 인연으로 죽기까지 지속되길 바란다. 나는 여러 나라 여러 곳을 여행하면서, 끼니와 잠을 아껴 될수록 많은 것을 구경하였다. 그럼에도 지금은 그 많은 구경 중에 기막힌 감회로 남은 것은 거의 없다. 만약 내가 한두 곳 한두 가지만 제대로 감상했더라면, 두고두고 자산이 되었을걸.

우정이라 하면 사람들은 관포지교를 말한다. 그러나 나는 친구를 괴롭히고 싶지 않듯이 나또한 끝없는 인내로 베풀기만

할 재간이 없다. 나는 도 닦으며 살기를 바라지 않고, 내 친구도 성현(聖賢) 같아지기를 바라진 않는다.

나는 될수록 정직하게 살고 싶고, 내 친구도 재미나 위안을 위해서 그저 제자리서 탄로나는 약간의 거짓말을 하는 재치와 위트를 가졌으면 바랄 뿐이다. 나는 때로 맛있는 것을 내가 더 먹고 싶을 테고, 내가 더 예뻐 보이기를 바라겠지만, 금방 그 마음을 지울 줄도 알 것이다. 때로는 얼음 풀리는 냇물이나 가을 갈대 숲 기러기 울음을 친구보다 더 좋아할 수 있겠으나, 결국은 우정을 제일로 여길 것이다.

우리는 흰눈 속 참대 같은 기상을 지녔으나 들꽃처럼 나약할 수 있고, 아첨 같은 양보는 싫어하지만 이따금 밑지며 사는 아량도 갖기를 바란다.

우리는 명성과 권세, 재력을 중시하지도 부러워하지도 경멸하지도 않을 것이며, 그보다는 자기답게 사는 데 더 매력을 느끼려 애쓸 것이다.

우리가 항상 지혜롭진 못하더라도, 자기의 곤란을 벗어나기 위해 비록 진실일지라도 타인을 팔진 않을 것이다. 오해를 받더라도 묵묵할 수 있는 어리석음과 배짱을 지니기를 바란다. 우리의 외모가 아름답지 않다 해도 우리의 향기만은 아름답게 지니니라.

우리는 시기하는 마음 없이 남의 성공을 얘기하며, 경쟁하지 않고 자기 일을 하되, 미친듯 몰두하게 되기를 바란다. 우리는 우정과 애정을 소중히 여기되, 목숨을 거는 만용은 피할 것이다. 그래서 우리의 우정은 애정과도 같으며, 우리의 애정 또한 우정과도 같아서 요란한 빛깔과 시끄운 소리도 피할 것이다.

나는 반닫이를 닦다가 그를 생각할 것이며, 화초에 물을 주다가, 안개 낀 아침 창문을 열다가, 가을 하늘의 흰 구름을 바라보다, 까닭 없이 현기증을 느끼다가 문득 그가 보고 싶어지며, 그도 그럴 때 나를 찾을 것이다.

그는 때로 울고 싶어지기도 하겠고, 내게도 울 수 있는 눈물과 추억이 있을 것이다. 우리에겐 다시 젊어질 수 있는 추억이 있으나, 늙는 일에 초조하지 않을 웃음도 만들어낼 것이다. 우리는 눈물을 사랑하되 헤프지 않게, 가지는 멋보다 풍기는 멋을 사랑하며, 냉면을 먹을 때는 농부처럼 먹을 줄 알며, 스테이크를 자를 때는 여왕처럼 품위 있게, 군밤은 아이처럼 까먹고, 차를 마실 때는 백작보다 우아해지리라.

우리는 푼돈을 벌기 위해 하기 싫은 일을 하지 않을 것이며, 천 년을 늙어도 항상 가락을 지니는 오동나무처럼, 일생을 춥게 살아도 향기를 팔지 않는 매화처럼, 자유로운 제 모습을 잃지 않고 살고자 애쓰며 서로 격려하리라.

우리는 누구도 미워하지 않으며, 특별히 한두 사람을 사랑한다 하여 많은 사람을 싫어하진 않으리라. 우리가 멋진 글을 못 쓰더라도 쓰는 일을 택한 것에 후회하지 않듯이, 남의 약점도 안쓰럽게 여기리라.

내가 길을 가다 한 묶음의 꽃을 사서 그에게 들려줘도 그는 날 주책이라고 나무라지 않으며, 건널목이 아닌 데로 찻길을 건너도 나의 교양을 비웃지 않을 게다. 나 또한 그의 눈에 눈곱이 끼더라도 이 사이에 고춧가루가 끼었다 해도 그의 숙녀됨이나 신사다움을 의심하지 않으며, 오히려 인간적인 유유함을 느끼게 될 게다.

우리의 손이 비록 작고 여리나, 서로를 버티어 주는 기둥이 될 것이며, 우리의 눈에 핏발이 서더라도 총기가 사라진 것은 아니며, 눈빛이 흐리고 시력이 어두워질수록 서로를 살펴 주는 불빛이 되어 주리라.

그러다가 어느 날이 홀연이 오더라도 축복처럼, 웨딩드레스처럼 수의(壽衣)를 입게 되리라. 같은 날 또는 다른 날이라도. 세월이 흐르거든 묻힌 자리에서 더 고운 품종의 지란(芝蘭)이 돋아 피어, 맑고 높은 향기로 다시 만나지리라.

인생찬가

롱펠로

내게 슬픈 사연으로 말하지 말라.
인생은 한낱 헛된 꿈에 불과하다고!
잠든 영혼은 바로 죽은 영혼
만물은 겉보기와는 다른 것.

삶은 진실한 것! 삶은 엄숙한 것!
무덤이 결코 그 종말은 아닐지니
흙에서 왔으니 흙으로 돌아가라는 말은
영혼을 두고 하는 말은 아니다.

우리 삶의 궁극적인 목적이나 방법은
슬픔이나 기쁨에 있는 것이 아니라
오늘보다 더 나은 내일이 되도록
활동하는 것이다.
예술은 길고 인생은 한순간의 것

우리의 심장은 강하고 용감하나
지금 이 순간에도 무덤으로 가는 장송곡을
낮은 북소리처럼 울린다.

인생이라는 광활한 싸움 밭에서
인생이라는 노상(路上)에서
말없이 끌려가는 가축의 무리는 되지 말자
싸움에 용감히 뛰어드는 영웅이 되자!

아무리 달콤하다 해도 미래는 믿지 말라.
흘러가 버린 과거는 죽은 채 묻어두라.
그리고 활동하라, 살아 있는 현재에 활동하라!
가슴속에는 용기가 천상에는 하느님이 있다.

앞서 살다 간 위인들의 생애는 우리를 깨우치나니

우리도 장엄한 삶을 이룰 수 있고
우리가 지나간 시간의 모래 위에
발자취를 남길 수 있다.

인생을 항해하는 우리들 중 누군가가
난파를 당해 절망에 빠졌을 때
그 발자국을 발견하면 다시
용기를 얻게 되리라.

자! 우리 모두 일어나서 일하지 않으려나.
어떤 운명인들 이겨낼 용기를 지니고
끊임없이 성취하고 계속 추구하면서
일하며 기다림을 배우지 않으려나.

바다의 소슬바람

말라르메

육체는 슬프다. 아! 나는 모든 책을 잃어 버렸다.
도망치자! 저 멀리로 도망치자! 나는 느낀다. 새들이
미지의 물거품과 하늘 사이에 취해 있음을!
아무것도, 눈에 비친 옛 정원도
오, 밤이여! 백색이 방어해 주는 텅 빈 종이 위의
내 램프의 쓸쓸한 빛도
애기에게 젖먹이는 젊은 여인도
바다에 젖은 마음 억누르지는 못하리라.
나는 떠나리라! 돛대를 흔드는 기선이여.
이국적인 풍경을 향해 닻을 올려라!

잔인한 희망으로 슬퍼진 권태는
여전히 손수건의 마지막 작별을 믿는다!
그리고 어쩌면 돛대는 폭풍우를 초래하여
바람이 파선(破船)한 배 위로 굽어 보는

그 돛대들 사이에 있으리라, 돛대도 없이, 비옥한 섬도
없이…….
그러나 오, 내 마음이여, 수부들의 노래에 귀를 기울여라!

이별

바이런

사랑스런 소녀여! 그 입맞춤
지금보다 더 행복한 때가 올 때까지
나 고이 간직하여
그때에야 그대의 입술로 돌려줄게요.

헤어질 때 그대 반짝이던 눈빛은
다른 사랑하는 사람을 향하고,
그대 눈망울에 고인 눈물을 보니
내 마음 더욱 변할 수 없네요.

맹세코 나는 그대가
날 행복케 해 주길 바라지 않고
오직 그대만이 나의 전부인 것을……
나는 추억조차 바라지 않아요.
이젠 글을 쓸 수도 없어요.

나의 사랑을 쓰기엔 붓도 심신도 지쳐 있어요.
아! 이 심정 무엇이라 말하겠어요.
이미 말하기조차 괴로운 것을.

밤낮없이 환희와 비탄 속에서
이러지도 저러지도 못하는 마음으로
드러내 보일 수 없는 사랑만이 가슴을 에이고
그대 때문에 말없이 가슴을 앓아요.

3장

그대의 귀에
바다가 들어오리

상현(上弦)

나희덕

차오르는 몸이 무거웠던지
새벽녘 능선 위에 걸터앉아 쉬고 있다.

신(神)도 이렇게 들키는 때가 있으니!

때로 그녀도 발에 흙을 묻힌다는 것을
외딴 산모퉁이를 돌며 나는 훔쳐보았던 것인데
어느새 눈치를 챘는지
조금 붉어진 얼굴로 구름 사이 사라졌다가
다시 저만치 가고 있다.
그녀가 앉았던 궁둥이 흔적이
저 능선 위에는 아직 남아 있을 것이어서
능선 근처 나무들은 환한 상처를 지녔을 것이다.
뜨거운 숯불에 입술을 씻었던 이사야처럼.

추일(秋日)서정

김광균

낙엽은 폴란드 망명 정부의 지폐
포화에 이지러진
도룬시의 가을 하늘을 생각하게 한다.
길은 한 줄기 구겨진 넥타이처럼 풀어져
일광의 폭포 속으로 사라지고
조그만 담배 연기를 내뿜으며
새로 두 시의 급행 열차가 들을 달린다.

포플라나무의 근골(筋骨) 사이로
공장의 지붕은 흰 이빨을 드러낸 채
한 가닥 꾸부러진 철책(鐵柵)이 바람에 나부끼고
그 위에 셀로판지로 만든 구름이 하나
자욱한 풀벌레 소리 발길로 차며
홀로 황량한 생각 버릴 곳 없어
허공에 띄우는 돌팔매 하나,

기울어진 풍경의 장막 저쪽에

고독한 반원(半圓)을 긋고 잠기어 간다.

사랑

드라이든

아, 사랑은 얼마나 감미로운가.
아, 젊은 욕망은 얼마나 즐거운가!
처음 사랑의 불에 다가서면
즐거운 아픔을 느낀다!
사랑의 아픔은 모든 다른
기쁨보다 훨씬 감미롭다.

애인들이 내쉬는 한숨은
조용히 가슴을 부풀게 한다.
홀로 흘리는 눈물도
흐르는 향유(香油)처럼
그 아픔을 낫게 한다.
숨결 잃은 애인들도 아무 괴로움
못 느끼며 피 흘리며 죽는다.
사랑과 시간을 아껴 쓰라.

떠나는 벗처럼 대하라.
청춘에 주어지는 황금빛
선물을 마다하지 마라.
해마다 그 값은 더해 가고
전만큼 단순치 않으니.

봄철의 밀물처럼 가득하고 높은 사랑은
젊은 핏줄마다 용솟음친다.
그러나 조수마다 공급을 줄이고
드디어 그 선물을 다해 버린다.
노년에 홍수가 일지라도
그것은 단지 빗물, 깨끗이 흐르지 못한다.

수선화

워즈워스

골짜기와 산 위를 떠도는
구름처럼 외로이 떠돌다가
떼지어 활짝 핀 황금빛 수선화를
문득 나는 보았네.
호숫가 줄지어 선 나무 밑에서
하늘하늘 미풍에 춤추는 것을.

은하에서 반짝이는
별들처럼 이어져
수선화는 강기슭에
끝없이 줄지어 뻗어 있었네.
나는 한눈에 보았네, 흥겹게 춤추며
고개를 살랑대는 무수한 수선화를.

호수도 옆에서 춤을 추지만

반짝이는 물결보다 더욱 흥겹던 수선화.
이렇듯 즐거운 벗과 어울릴 때
즐겁지 않은 시인이 있을까.
나는 그저 보고 또 바라볼 뿐
그 광경이 얼마나 값진 것임을 미처 몰랐었네.

어쩌다 하염없이 또는 시름에 잠겨
자리에 누워 있으면
수선화는 내 마음 속에 떠오르는
고독의 축복.
그럴 때면 내 가슴 기쁨에 넘쳐
수선화와 더불어 춤을 추네.

저녁눈

박용래

늦은 저녁 때 오는 눈발은 말집 호롱불 밑에 붐비다.

늦은 저녁 때 오는 눈발은 조랑말 발굽 밑에 붐비다.

늦은 저녁 때 오는 눈발은 여물 써는 소리에 붐비다.

늦은 저녁 때 오는 눈발은 변두리 빈터만 다니며 붐비다.

날아라 시간의 포충망에 붙잡힌 우울한 몽상이여

장석주

1

신생의 아이들이 이마를 빛내며

동과 서편 흩어지는 바람 속을 질주한다.

짧은 겨울해 덧없이 지고

너무 오래된 이 세상 다시 저문다.

인가 근처로 내려오는 죽음 몇 뿌리

소리 없이 밤눈만 내려 쌓이고 있다.

2

회양목 아래에서

칸나꽃 같은 여자들이 울고 있다.

증발하는 구름 같은 꿈의 모발,

어떤 손이 잡을 수 있나?

3
밤이 오자 적막한 온천 마을
청과일 같은 달이 떴다.
바람은 낮은 처마의 불빛을 흔들고
우리가 적막한 헤매임 끝에
문득 빈 수숫대처럼 어둠 속에 설 때
가을 산마다 골마다 만월의 달빛을 받고
하얗게 일어서는 야윈 물소리.

4
어둠 속을 쥐떼가 달리고
공포에 떨며 집들이 긴장한다.

하나의 성냥개비를 켤 때
또는 타버린 것을 버릴 때

더 깊고 단단하게 확인되는 밤

쥐떼의 탐욕의 이빨이 빛나고
피묻은 누군가의 꿈이 버려져 있다.

5
하오 3시, 바다는 은반처럼 빛난다.
흰 공기 속을 통과하는 햇빛의 정적

바람이 분다, 벌판에
흰 빨래처럼 처박힌 저 어두운 바다가 운다.

포악한 이빨을 드러내는 바다, 하오 4시
위험한 시간 속으로 웃으며 뛰어드는 아이들.

6
전파는 다급하게 태풍 경보를 예보하고 탁자의 유리컵에는
바다가 갇혀서 필사적으로 몸부림치고 있다.

폐쇄된 전 해안

새파랗게 질린 풀들이 울고 그 풀들 사이에 누군가의
거꾸로 처박힌 전 생애가 펄럭거리고 있다.

오, 병든 혼,
아이들은 폭풍 속을 뚫고 하얗게 떠 있는 바다로 달리고
내 붉은 피톨은 쿵쿵 혈관을 뛰어 다니며 울부짖고 있다.

7
햇빛 그친 낡은 문짝에 쇠못들이 박혀 녹슬고 있다.

잊혀져 가는 누군가의 이름들.

8
바람은 오늘의 풀을 흔들며 지나가지만
흙 속에 숨은 풀의 흰 뿌리는 다치지 못한다.

9
통제구역 팻말이 꽂혀 있다.
끝없이 거부하며 어둠으로 쓰러지고
풀뿌리 밑에서 피투성이가 되어 잠들곤 했다.
팻말 뒤에서 펄럭이는 막막한 어둠
어두운 창 너머 벌판에는 비가 뿌리고
잠자면서도 절벽을 보았다. 밤마다
시간, 오오, 가혹한 희망과 다정한 공포여
소멸의 이마를 스치는 푸른 번개

서치라이트의 섬광만 미친 짐승처럼
이빨을 번득이고
나는 꿈속에서도 필사적으로 질주를 하며
땀을 흘리고 울었다.
아, 1975년 여름
절벽에 부딪쳐 산산이 튀어오르는
파도 조각처럼 부서지고 싶었다, 그때.

개의 반박

루쉰

나는 꿈에서 좁은 길을 걷고 있었다. 옷이며 짐꾸러미는 갈갈이 찢기어 거지 같았다.

한 마리 개가 뒤에서 짖어댔다.

나는 흘낏 뒤돌아보고 꾸짖었다.

'조용히 해. 권세에 굽히는 개야!'

'헷헷' 그는 웃었다. 그리고 계속했다.

'천만에요. 사람나리 같지는 않아요.'

'뭐라고?' 나는 아찔했다. 심한 모독이라고 생각했다.

'부끄러운 일이죠. 나는 아직 동과 은의 구별도 모릅니다. 게다가 목면과 견(絹)의 구별도 모릅니다. 게다가 관리와 백성의 구별도 모릅니다. 게다가 주인과 노예의 구별도 모릅니다. 게다가……'

나는 도망쳤다.

'기다리세요. 더 말씀드릴 것이……' 그는 뒤에서 큰 소리로 불러댔다.

나는 줄곧 뺑소니쳤다. 달릴 수 있는 데까지. 달리고, 가까스로 꿈에서 깨어나자 내 침대에 누워 있었다.

아가(雅歌)·6

신달자

해가 저물고 밤이 왔다.
그러나 그대여
우리의 밤은 어둡지 않구나.
바라보는 마음에 따라
어둠은
물처럼 부드럽게 풀려
잘 닦은 거울처럼
앞뒤로 걸려 있거니.
그대의 떨리는 눈썹 한 가닥

가깝게 보이누나.
밝은 어둠 속에
잠시 누웠다가 다시 일어나
나는 글을 쓴다.
첫장에 눈부신 그대 이름
절로 밝아오는 하나의 등불
내 생(生)의 찬란한 꽃등이 켜진다.

눈물

김현승

더러는
옥토(沃土)에 떨어지는 작은 생명이고저…….

흠도 티도,
금 가지 않은
나의 전체는 오직 이뿐!

더욱 값진 것으로
드리라 하올 제,

나의 가장 나아종 지닌 것도 오직 이뿐.

아름다운 나무의 꽃이 시듦을 보시고
열매를 맺게 하신 당신은
나의 웃음을 만드신 후에
새로이 나의 눈물을 지어 주시다.

낡은 집

이용악

날로 밤으로
왕거미 줄치기에 분주한 집
마을서 흉집이라고 꺼리는 낡은 집
이 집에 살았다는 백성들은
대대손손에 물려줄
은동곳도 산호관자도 갖지 못했니라.

재를 넘어 무곡을 다니던 당나귀
항구로 가는 콩실이에 늙은 둥글소
모두 없어진 지 오랜
외양간엔 아직 초라한 내음새 그윽하다만
털보네 간 곳은 아무도 모른다.

찻길이 놓이기 전
노루 멧돼지 쪽제비 이런 것들이

앞뒤 산을 마음놓고 뛰어다니던 시절
털보의 셋째 아들은
나의 싸리말 동무는
이 집 안방 짓두광주리 옆에서
첫울음을 울었다고 한다.

"털보네는 또 아들을 봤다우
송아지래도 붙었으면 팔아나 먹지"
마을 아낙네들은 무심코
차가운 이야기를 가을 냇물에 실어보냈다는
그날 밤
저릎등이 시름시름 타들어가고
소주에 취한 털보의 눈도 일층 붉더란다.

갗주지 이야기와

무서운 전설 가운데서 가난 속에서
나의 동무는 늘 마음 졸이며 자랐다.
당나귀 몰고 간 애비 돌아오지 않는 밤
노랑 고양이 울어울어
종시 잠 이루지 못하는 밤이면
어미 분주히 일하는 방앗간 한구석에서
나의 동무는
도토리의 꿈을 키웠다.

그가 아홉 살 되던 해
사냥개 꿩을 쫓아다니던 겨울
이 집에 살던 일곱 식솔이
어디론지 사라지고 이튿날 아침
북쪽을 향한 발자국만 눈 위에 떨고 있었다.

더러는 오랑캐령 쪽으로 갔으리라고
더러는 아라사로 갔으리라고
이웃 늙은이들은
모두 무서운 곳을 짚었다.

지금은 아무도 살지 않는 집
마을서 흉집이라고 꺼리는 낡은 집
제철마다 먹음직한 열매
탐스럽게 열던 살구
살구나무도 글거리만 남았길래
꽃피는 철이 와도 가도 뒤울안에
꿀벌 하나 날아들지 않는다.

이니스프리 호수 섬

예이츠

나 이제 가련다, 이니스프리로 가련다.
거기 진흙과 나뭇가지로 작은 집 짓고
아홉 이랑의 콩밭 갈며 꿀벌도 치며
벌 소리 윙윙대는 숲 속에 홀로 살리라.

그러면 거기 평화가 있겠지.
안개 낀 아침부터 귀뚜라미 우는 저녁 때까지
그곳은 밤중조차 환하고 낮은 보랏빛
저녁에는 홍방울새 가득히 날고,

나 이제 가련다. 밤이나 낮이나
호숫가에 나직이 물 찰싹이는 소리
가로(街路)에서나 회색 포도(鋪道) 위에서나
내 가슴속 깊이 그 소리만 들리누나.

바다와 나비

김기림

아무도 그에게 수심(水深)을 일러 준 일이 없기에
흰 나비는 도무지 바다가 무섭지 않다.

청(靑) 무우밭인가 해서 내려갔다가는
어린 날개가 물결에 젖어서
공주처럼 지쳐서 돌아온다.

삼월달 바다가 꽃이 피지 않아서 서글픈
나비 허리에 새파란 초승달이 시리다.

물레질하는 여인의 노래

브렌타노

아주 오래 전의 일이군요.
나이팅게일은 노래도 잘 불렀고
또 아주 멋진 목청이였지요,
당신과 함께 있던 그때는.

나는 노래 부르느라고 울 수 없군요.
하얗고 예쁜 실을 자아내느라고
오직 홀로 물레질 하고 있지요,
그저 달빛만 비쳐 들고 있을 뿐.

당신과 함께 있던 그때의
나이팅게일의 노랫소리는
지금 내게 말해 주고 있지요,
당신은 가버리고 돌아오지 않는다고.
달이 환하게 빛날 때마다

생각하게 되는 것은 오직 당신뿐.
내 마음은 한없이 깨끗합니다.
하느님, 저희 둘을 지켜 주소서.

당신이 가버리고 난 뒤에도
계속해서 나이팅게일은 울고 있고요,
그 소리 들으면서 생각하지요,
당신과 함께 있던 때의 일을.

하나님, 저희 둘을 지켜 주소서.
혼자서 물레질 하고 있는 나는
달빛이 아름답게 비칠 때면
노래하며 눈물이 글썽거립니다.

사랑은 아픔을 위해 존재합니다

칼릴 지브란

사랑이 그대를 손짓하여 부르거든 따르십시오.
비록 그 길이 어렵고 험하다 해도
사랑의 날개가 그대를 품을 때에는 몸을 맡기십시오.
비록 사랑의 날개 속에 숨은 아픔이
그대에게 상처를 준다 해도
사랑이 그대에게 말하거든 그를 믿으십시오.
비록 사랑의 목소리가 그대의 꿈을
모조리 깨뜨려놓을지라도

왜냐하면 사랑은 그대에게
영광의 왕관을 씌워주지만 또한
그대를 십자가에 못 박는 일도
주저하지 않기 때문입니다.
사랑은
그대의 성숙을 위해 존재하지만

그대를 아프게 하기 위해서도 존재한답니다.

사랑은 햇빛에 떨고 있는
그대의 가장 연한 가지들을 어루만져주지만
또한 그대의 뿌리를 흔들어대기도 한답니다.

꽃

김춘수

내가 그의 이름을 불러 주기 전에는
그는 다만
하나의 몸짓에 지나지 않았다.

내가 그의 이름을 불러 주었을 때
그는 나에게로 와서
꽃이 되었다.

내가 그의 이름을 불러 준 것처럼
나의 이 빛깔과 향기에 알맞은
누가 나의 이름을 불러 다오.
그에게로 가서 나도
그의 꽃이 되고 싶다.

우리들은 모두

무엇이 되고 싶다.
나는 너에게 너는 나에게
잊혀지지 않는 하나의 눈짓이 되고 싶다.

광야

이육사

까마득한 날에
하늘이 처음 열리고
어데 닭 우는 소리 들렸으랴.

모든 산맥들이
바다를 연모해 휘달릴 때도
차마 이곳을 범하던 못 하였으리라.

끊임없는 광음을
부지런한 계절이 피어선 지고
큰 강물이 비로소 길을 열었다.

지금 눈 내리고
매화 향기 홀로 아득하니,
내 여기 가난한 노래의 씨를 뿌려라.

다시 천고의 뒤에
백마 타고 오는 초인이 있어
이 광야에서 목놓아 부르게 하리라.

해

박두진

해야 솟아라, 해야 솟아라, 말갛게 씻은 얼굴 고운 해야 솟아라. 산 넘어 산 넘어서 어둠을 살라 먹고, 산 넘어서 밤새도록 어둠을 살라 먹고, 이글이글 애띤 얼굴 고운 해야 솟아라.

달밤이 싫여, 달밤이 싫여, 눈물 같은 골짜기에 달밤이 싫여, 아무도 없는 뜰에 달밤이 나는 싫여……

해야, 고운 해야, 늬가 오면, 늬가사 오면, 나는 나는 청산이 좋아라. 훨훨훨 깃을 치는 청산이 좋아라. 청산이 있으면 홀로래도 좋아라.

사슴을 따라 사슴을 따라, 양지로 양지로 사슴을 따라, 사슴을 만나면 사슴과 놀고

칡범을 따라 칡범을 따라, 칡범을 만나면 칡범과 놀고……

해야, 고운 해야, 해야 솟아라. 꿈이 아니라도 너를 만나면, 꽃도 새도 짐승도 한자리 앉아, 워어이 워어이 모두 불러 한자리 앉아, 애띠고 고운 날을 누려 보리라.

온종일

프뢰딩

온종일 사랑 노래를,
노래하는 티티새 소리 들리고
히드풀과 월귤나무는
그 노래를 사랑하였다.

그 사랑의 불에 맞추어
방울풀이 고요히 울고
별들의 눈은 빛나며
들딸기의 뺨은 붉게 되었다.

그러자 날개짓 소리가 들리며
솔개가 가수의 가슴에
발톱으로 할퀴어 사랑의 노래는
영원히 죽고 말았다.

차라리 침묵하세요

밀란 쿤데라

사랑에 대해서 나에게 말하지 말아요.
벌레가 나무를 갉아먹듯
난 당신의 말 한마디를 듣고 있어요.
사랑해요 사랑해요 사랑해요.

난 알아요.
당신의 심장이 다른 여인의 곱슬머리로
친친 감겨 있음을
그것의 나의 머리카락이라고 거짓말하지 말아요.
믿지 않아요, 당신의 말은.
항상 갈대숲과도 수풀과도 같아
당신은 모자를 눌러쓰고
코트에 얼굴을 파묻은 채
서둘러 그 뒤로 숨어버리곤 하지요.
하지만 난 당신을 보고 있어요.

당신의 그럴싸한 말 뒤에 숨어 있는
당신을 보고 있어요.

난 알아요, 당신이 어디로 가는지.
난 알고 있어요, 그 문을.
문 위에 새겨진 그 여자의 이름을
알고 있어요.
당신의 온몸을 떨리게 만드는
그 열정의 온도를 난 느낄 수 있어요.
두리번거리는 당신의 두 눈
부끄러움에 가득 찬 그 겁먹은 두 눈을
난 보고 있어요.

아무 말도 하지 말아요.
난 모든 것을 알아요.

오, 차라리 당신이 날 사랑한다고
말하지만 않는다면
차라리 그냥 침묵해 버린다면
그때처럼
처음처럼……
그래요 처음 언젠가 그땐
당신은 벙어리였죠.
마치 한 마리 작은 아기 곰처럼
사랑에 대해선 입도 뻥끗 않았지요.
그때의 당신은 사랑 그 자체였어요.
오, 나의 연인
내가 사랑하는 사람이여

뭐라고요.
또 무슨 말을 하는 거예요.

제발 이젠 침묵하세요.
제발……

껍데기는 가라

신동엽

껍데기는 가라.
4월도 알맹이만 남고
껍데기는 가라.

껍데기는 가라.
동학년 곰나루의, 그 아우성만 살고
껍데기는 가라.

그리하여, 다시
껍데기는 가라.
이곳에선, 두 가슴과 그곳까지 내논
아사달 아사녀가
중립(中立)의 초례청 앞에 서서
부끄럼 치내며
맞절할지니

껍데기는 가라.
한라에서 백두까지
향그러운 흙가슴만 남고
그, 모오든 쇠붙이는 가라.

피아노

전봉건

피아노에 앉은
여자의 두 손에서는
끊임없이
열 마리씩
스무 마리씩
신선한 물고기가
튀는 빛의 꼬리를 물고
쏟아진다.
나는 바다로 가서
가장 신나게 시퍼런
파도의 칼날 하나를
집어 들었다.

동천(冬天)

서정주

내 마음 속 우리 임의 고운 눈썹을
즈믄 밤의 꿈으로 맑게 씻어서
하늘에다 옮기어 심어 놨더니
동지 섣달 나르는 매서운 매가
그걸 알고 시늉하며 비끼어 가네.

가던 길 멈춰 서서

윌리엄 헨리 데이비스

근심에 가득 차, 가던 길 멈춰 서서
잠시 주위를 바라볼 틈도 없다면 얼마나 슬픈 인생일까?

나무 아래 서 있는 양이나 젖소처럼
한가로이 오랫동안 바라볼 틈도 없다면

숲을 지날 때 다람쥐가 풀숲에
개암 감추는 것을 바라볼 틈도 없다면

햇빛 눈부신 한낮, 밤하늘처럼
별들 반짝이는 강물을 바라볼 틈도 없다면

아름다운 여인의 눈길과 발
또 그 발이 춤추는 맵시 바라볼 틈도 없다면

눈가에서 시작한 그녀의 미소가
입술로 번지는 것을 기다릴 틈도 없다면

그런 인생은 불쌍한 인생, 근심으로 가득 차
가던 길 멈춰 서서 잠시 주위를 바라볼 틈도 없다면.

어느 인생의 사랑

브라우닝

우리 둘이 살고 있는 집
방에서 방으로
나는 그이를 찾아 샅샅이 둘러본다.
내 마음아, 불안해 마라, 이제 곧 찾게 된다.
이번에 찾았다! 하지만 커튼에 남겨진
그이의 고뇌, 잠자리에 감도는 향수 내음!
그이의 손이 닿은 벽의 장식 꽃송이는 향기 뿜고
저 거울은 그이의 매무새 비치며 밝게 빛난다.

빛나는 별이여

키츠

빛나는 별이여, 나 너처럼 변함없는 존재이길 바라노라.
너처럼 홀로 빛나면서 밤하늘에 높이 걸려
자연계의 잠 잊고 정진하는 은둔자 되어
인간 세계 기슭 정결히 씻어 주는
출렁이는 저 바다 물결을
사제(司祭)다운 근면함을
영원히 뜬 눈으로 지켜보고자 함이 아니고
또한 쓸쓸한 벌판에 사뿐히 내린
백설의 새 단장을 지켜보고자 함도 아니다.
아니다. 그건 아니다— 다만 나는
보다 더 한결같이, 보다 더 변함없이
내 아름다운 님의 무르익은 젖가슴 베개 삼아
그 보드라운 오르내림을 영원히 느끼면서
감미로운 설레임 속에 영원히 잠깨어
내 님의 고운 숨결 들으며

언제까지나, 언제까지나 영원토록 살고자 함이니
그게 아니라면 차라리 나 여기에
아련히 숨을 거두고 말리라.

4장

그대의 가슴에
하늘이 싹트리

님의 침묵

한용운

님은 갔습니다. 아아 사랑하는 나의 님은 갔습니다.
푸른 산빛을 깨치고 단풍나무 숲을 향하여 난 작은 길을 걸어서 차마 떨치고 갔습니다.
황금의 꽃같이 굳고 빛나던 옛 맹세는 차디찬 티끌이 되어서 한숨의 미풍에 날아갔습니다.
날카로운 첫 키스의 추억은 나의 운명의 지침을 돌려 놓고 뒷걸음쳐서 사라졌습니다.
나는 향기로운 님의 말소리에 귀 먹고 꽃다운 님의 얼굴에 눈 멀었습니다.
사랑도 사람의 일이라 만날 때에 미리 떠날 것을 염려하고 경계하지 아니한 것은 아니지만, 이별은 뜻밖에 일이 되고 놀란 가슴은 새로운 슬픔에 터집니다.
그러나 이별을 쓸데없는 눈물의 원천으로 만들고 마는 것은 스스로 사랑을 깨치는 것인 줄 아는 까닭에 걷잡을 수 없는 슬픔의 힘을 옮겨서 새 희망의 정수박이에 들이부었습니다.

우리가 만날 때에 떠날 것을 염려하는 것과 같이 떠날 때에 다시 만날 것을 믿습니다.
아아, 님은 갔지마는 나는 님을 보내지 아니하였습니다.
제 곡조를 못 이기는 사랑의 노래는 님의 침묵을 휩싸고 돕니다.

달밤에 친구는 오지 않고

백거이

옛 사람은 낮이 짧다 하여
촛불 들고 밤놀이 하지 않았나?

이토록 교교한 밤에
달빛은 서녘 다락을 비추고

넘치는 술 한 동이를
성곽에다 올려 놓았건만

그대는 기다려도 오지 않고
나하고 달님만 동그마니.

물을 비추자 하얗게 연기 일고.
사람을 비추자 하얗게 나부끼는 머리카락.

호수처럼 맑은 달빛 속에
물끄러미 넋을 뺏긴다.

한 잎의 여자

오규원

나는 한 여자를 사랑했네. 물푸레나무 한 잎같이 쬐그만 여자, 그 한 잎의 여자를 사랑했네. 물푸레나무 그 한 잎의 솜털, 그 한 잎의 맑음, 그 한 잎의 영혼, 그 한 잎의 눈, 그리고 바람이 불면 보일 듯한 그 한 잎의 순결과 자유를 사랑했네.

정말로 나는 한 여자를 사랑했네. 여자만을 가진 여자, 여자 아닌 것은 아무것도 안 가진 여자, 여자 아니면 아무것도 아닌 여자, 눈물 같은 여자, 슬픔 같은 여자, 병신 같은 여자, 시집(詩集) 같은 여자, 그러나 누구나 영원히 가질 수 없는 여자, 그래서 불행한 여자.
그러나 영원히 나 혼자 가지는 여자, 물푸레나무 그림자 같은 슬픈 여자.

그대는 내게서 본다

셰익스피어

찬바람에 흔들리는 저 나뭇가지에
몇 잎 누런 잎새 앙상한 계절을 그대는 내게서 본다.
엊그제 아름다운 새들 노래했건만
지금은 폐허된 성당 또한 내게서 본다.
만물을 휴식 속에 감싸는 제2의 죽음인,
검은 밤이 서서히 데려가는 석양이
서산에 파리하게 진 후의 황혼을 그대는 내게서 본다.
청춘을 키워준 열정에
그만 활활 불타 죽음처럼 사그라진
그 젊음의 잿더미 속에 가물거리는
청춘의 잔해를 내게서 보았거든,
그대 날 사랑하는 마음 더욱 강해지거라.
머지않아 그댄 내게서 떠나야 할 사람이거든.

아, 해바라기여

W 브레이크

아, 해바라기여! 시간에 지쳐서
태양의 한 걸음 한 걸음을 헤아리며,
나그네의 여정이 끝나는
저 향기로운 황금의 나라를 찾는다.

욕망으로 수척해진 젊은이와
백설의 수의 걸친 파리한 처녀가
그들의 무덤에서 일어나 가기를 열망하는 나라,
그 곳은 나의 해바라기가 가고자 하는 곳이니라.

나그네

박목월

강나루 건너서
밀밭길을

구름에 달 가듯이
가는 나그네.

길은 외줄기
남도 삼백 리,

술 익은 마을마다
타는 저녁 놀,

구름에 달 가듯이
가는 나그네.

불놀이

주요한

아아, 날이 저문다. 서편 하늘에, 외로운 강물 우에, 스러져 가는 분홍빛 놀…… 아아, 해가 저물면, 해가 저물면, 날마다 살구나무 그늘에 혼자 우는 밤이 또 오건마는 오늘은 사월이라 파일날, 큰 길을 물밀어 가는 사람 소리는 듣기만 하여도 흥성스러운 것을, 왜 나만 혼자 가슴에 눈물을 참을 수 없는고?

아아, 춤을 춘다. 춤을 춘다. 시뻘건 불덩이가 춤을 춘다. 잠 잠한 성문 위에서 내려다보니, 물 냄새, 모래 냄새, 밤을 깨물고 하늘을 깨물은 횃불이 그래도 무엇이 부족하여 제 몸까지 물고 뜯으며, 혼자서 어두운 가슴 품은 젊은 사람은 과거의 퍼런 꿈을 찬 강물 위에 내어던지나 무정한 물결이 그 그림자를 멈출 리가 있으랴?— 아아, 꺾어서 시들지 않는 꽃도 없건마는, 가신 임 생각에 살아도 죽은 이 마음이야, 에라 모르겠다. 저 불길로 이 가슴 태워 버릴까. 이 설움 살라 버릴까, 어제도 아픈 발 끌면서 무덤에 가 보았더니 겨울에는 말랐던 꽃이 어느덧 피었더라마는 사랑의 봄은 또다시 안 돌아 오는가, 차라리 속 시원히 오늘 밤 이 물 속에…… 그런데, 행여나 불상히 여겨 줄이나 있을까…… 할 적에 퉁탕 불티를 날리면서 튀어나는 매화포, 펄떡 정신을 차리니 우구구 떠드는 구경꾼의 소리가 저를 비웃는 듯 꾸짖는 듯. 아아, 좀더 강렬한 정열에 살고 싶다. 저기도 저 횃불처럼 엉기는 연기, 숨막히는 불꽃의 고통 속에서라도 더욱 뜨거운 삶을 살고 싶다고 뜻밖에 가슴 두근거리는 것은 나의 마음…….

사월달 따스한 바람이 강을 넘으면 청류벽(淸流碧), 모란봉 높은 언덕 위에, 허어옇게 흐느끼는 사람떼. 바람이 와서 불 적마다 봄빛에 물든 물결이 미친 웃음을을 웃으니, 겁 많은 물고기는 모래 밑에 들어박히고, 물결 치는 뱃속에는 졸음 오는 '리듬'의 형상이 오락가락— 어른거리는 그림자, 일어나는 웃음 소리. 달아 논 등불 밑에서 목청껏 길게 빼는 어린 기생

의 노래, 뜻밖게 정욕(情慾)을 이끄는 불구경도 인제는 겹고, 한 잔 한 잔 또 한 잔 끝없는 술도 인제는 싫어, 지저분한 배 밑창에 맥없이 누우면 까닭 모르는 눈물은 눈을 데우며, 간단없는 장구 소리에 겨운 남자들은 때때로 불 이는 욕심에 못 견디어 번득이는 눈으로 뱃가에 뛰어나가면, 뒤에 남은 죽어 가는 촛불은 우그러진 치마깃 위에 조을 때, 뜻있는 듯이 찌걱거리는 배젓개 소리는 더욱 가슴을 누른다……

아아, 강물이 웃는다 웃는다, 괴상한 웃음이다. 차디찬 강물이 컴컴한 하늘을 보고 웃는 웃음이다. 아아, 배가 올라온다, 배가 오른다. 바람이 불 적 마다 슬프게 슬프게 삐걱거리는 배가 오른다…….

저어라 배를, 멀리서 잠자는 능라도까지, 물살 빠른 대동강을 저어 오르라. 거기 너의 애인이 맨발로 서서 기다리는 언덕으로 곧추 너의 뱃머리를 돌리라. 물결 끝에서 일어나는 추운 바람도 무엇이리오. 괴이한 웃음 소리도 무엇이리오. 사랑 잃은 청년의 어두운 가슴 속도 너에게야 무엇이리오, 그림자 없이는 '밝음'도 있을 수 없는 것을……. ― 오오 다만 네 확실한 오늘을 놓치지 말라. 오오, 사르라, 사르라!, 오늘 밤! 너의 빨간 횃불을 빨간 입술을, 눈동자를, 또한 너의 빨간 눈물을.

낙화

이형기

가야 할 때가 언제인가를
분명히 알고 가는 이의
뒷모습은 얼마나 아름다운가.

봄 한철
격정을 인내한
나의 사랑은 지고 있다.

분분한 낙화……
결별이 이룩하는 축복에 싸여
지금은 가야 할 때

무성한 녹음과 그리고
머지않아 열매 맺는
가을을 향하여

나의 청춘은 꽃답게 죽는다.

헤어지자
섬세한 손길을 흔들며
하롱하롱 꽃잎이 지는 어느 날

나의 사랑, 나의 결별
샘터에 물 고인 듯 성숙하는
내 영혼의 슬픈 눈.

엄마 걱정

기형도

열무 삼십 단을 이고
시장에 간 우리 엄마
안 오시네, 해는 시든 지 오래
나는 찬밥처럼 방에 담겨
아무리 천천히 숙제를 해도
엄마 안 오시네, 배추잎 같은 발소리 타박타박
안 들리네, 어둡고 무서워
금간 창 틈으로 고요히 빗소리
빈방에 혼자 엎드려 훌쩍거리던

아주 먼 옛날
지금도 눈시울을 뜨겁게 하는
그 시절, 내 유년의 윗목

나 자신의 노래 · 6

휘트먼

한 아이가 두 손에 가득 풀잎을 가져와서 이게 무엇이냐고 내게 묻는다.
내가 어떻게 대답할 수 있겠는가. 나도 그 아이처럼 그것이 무엇인지 모르는 것을.

나는 그것이 희망의 푸른 천으로 짜여진 나의 천성의 깃발일 것이라고 추측한다.

아니면 그것은 하느님의 손수건이거나
신(神)이 떨어뜨린 향기나는 기념의 선물일 것이다.
주인의 이름이 어딘가에 들어 있어서 우리가 '누구의 것'이라고 말할 수 있을 것이다.

또한 나는 추측한다. 풀은 그 자체가 어린아이, 식물에서 나온 어린아이일 것이라고.

혹은 그것은 모양이 한결같은 상형문자일 것이라고.
그리고 그것은 넓은 지역에서도 좁은 지역에서도 싹트고,
흑인이나 백인 사이에서도 자라며,
캐나다인, 버지니아 인, 국회의원, 니그로, 나는 그들에게 그것을 주고, 그들에게서 그것을 받는다.

또한 그것은 무덤 위에 자란 아름다운 머리털이라고 생각한다.

너, 부드러운 풀이여! 나는 너를 소중하게 여긴다.
너는 젊은이들의 가슴에서 싹틀 수도 있고,
또한 내가 그들을 미리 알았더라면, 나는 그들을 사랑했을지도 모른다.
어쩌면 너는 노인을, 혹은 생후 어머니들의 무릎에서 떼낸 갓난아이에서 나오는지도 모른다.
그리고 자, 여기에 그 어머니의 무릎이 있다.

이 풀은 늙은 어머니들의 흰 머리에서 나온 것이라고 하기엔
너무 검다.
노인의 색바랜 수염보다도 검고,
붉은 입천장 밑에서 나온 것으로서도 너무 검다.

아, 나는 결국 그 숱한 말들을 이해한다.
그리고 그 말들이 아무 의미 없이 입천장에서 흘러 나오지는
않는다는 것을 안다.

나는 젊어서 죽은 남녀에 관한 암시를 풀어 내려고 한다.
또한 노인들과 어머니들, 그리고 그들의 무릎에서 떼낸 갓난
아이들에 관한 암시도.

너는 그 젊은이와 늙은이가 어떻게 됐다고 생각하는가.
여자들과 어린아이들이 어떻게 됐다고 생각하는가.

그들은 어딘가에서 살아서 잘 지내고 있다.
아무리 작은 싹이라도 죽음은 없다는 것을 보여 준다.
만일 죽음이 있다면, 그것은 생을 추진하는 것이지 종점에서 기다렸다가 생을 잡는 것은 아니다.

모든 만물은 밖으로 전진할 뿐 죽는 것은 하나도 없다.
죽는 것은 사람들이 상상하는 것과는 다르며, 훨씬 행복한 것이다.

마리아의 노래

노발리스

아름다운 천 폭의 그림 속에서
마리아여, 나는 네 모습을 본다.
하지만 그 어느 그림 속에도
내 혼에 비친 네 모습은 볼 길 없다.

이 세상 물결은 한낱 꿈결처럼
내게서 멀리 사라져 버리고
하늘 위의 말 못 할 크나큰 즐거움은
내 혼에 깊이 자라고 있음을 알 뿐이다.

승무(僧舞)

조지훈

얇은 사 하이얀 고깔은
고이 접어서 나빌레라.

파르라니 깎은 머리
박사 고깔에 감추오고,

두 볼에 흐르는 빛이
정작으로 고와서 서러워라.

빈 대에 황촉불이 말없이 녹는 밤에
오동잎 잎새마다 달이 지는데,

소매는 길어서 하늘은 넓고,
돌아설 듯 날아가며 사뿐히 접어 올린 외씨보선이여!

까만 눈동자에 살포시 들어
먼 하늘 한 개 별빛에 모두오고,

복사꽃 고운 뺨에 아롱질 듯 두 방울이야
세사에 시달려도 번뇌는 별빛이라.

휘어져 감기우고 다시 접어 뻗는 손이
깊은 마음속 거룩한 합장인 양하고,

이 밤사 귀또리도 지새우는 삼경인데,
얇은 사 하이얀 고깔은 고이 접어서 나빌레라.

거울

이상

거울속에는소리가없소.
저렇게까지조용한세상은참없을것이오.

거울속에도내게귀가있소.
내말을못알아듣는딱한귀가두개있소.

거울속의나는왼손잡이요.
내악수를받을줄모르는악수를모르는왼손잡이요.

거울때문에나는거울속의나를 만져보지못하는구료마는
거울아니었던들내가어찌거울속의나를만져보기만이라도했
겠소.

나는지금거울을안가졌소마는거울속에는늘거울속의내가
있소.

잘은모르지만외로된사업에골몰할게요.

거울속의나는참나와반대요마는또꽤닮았소.
나는거울속의나를근심하고진찰할수없으니퍽섭섭하오.

비 오는 창

송욱

비가 오면
하늘과 땅이 손을 잡고 울다가
입김 서린 두 가슴을
창살에 낀다.

거슴츠레
구름이 파고 가는 눈물 자욱은
어찌하여
쉴 새 없이 몰려드는가.

비가 오면
하늘과 땅이 손을 잡고 울다가
이슬 맺힌 두 가슴으로
창살에 낀다.

햇살에게

정호승

이른 아침에
먼지를 볼 수 있게 해주셔서 감사합니다.
이제는 내가
먼지에 불과하다는 것을 알게 해 주셔서
감사합니다.
그래도 먼지가 된 나를
하루 종일
찬란하게 비춰 주셔서 감사합니다.

향수

정지용

넓은 벌 동쪽 끝으로
옛이야기 지즐대는 실개천이 휘돌아 나가고,
얼룩백이 황소가
해설피 금빛 게으른 울음을 우는 곳,

―그 곳이 차마 꿈엔들 잊힐 리야.

질화로에 재가 식어지면
비인 밭에 밤바람 소리 말을 달리고,
엷은 조름에 겨우 늙으신 아버지가
짚베개를 돋아 고이시는 곳,

―그 곳이 차마 꿈엔들 잊힐 리야.

흙에서 자란 내 마음

파아란 하늘 빛이 그리워
함부로 쏜 화살을 찾으려
풀섶 이슬에 함추름 휘적시던 곳,

―그 곳이 차마 꿈엔들 잊힐 리야.

전설 바다에 춤추는 밤물결 같은
검은 귀밑머리 날리는 어린 누이와
아무렇지도 않고 예쁠 것도 없는
사철 발 벗은 아내가
따가운 햇살을 등에 지고 이삭을 줍던 곳,

―그 곳이 차마 꿈엔들 잊힐 리야.

하늘에는 성근 별

알 수도 없는 모래성으로 발을 옮기고,
서리 까마귀 우지짖고 지나가는 초라한 지붕,
흐릿한 불빛에 돌아 앉아 도란도란 거리는 곳,

―그 곳이 차마 꿈엔들 잊힐 리야.

노동의 새벽

박노해

전쟁 같은 밤일을 마치고 난
새벽 쓰린 가슴 위로
차가운 소주를 붓는다.
아
이러다간 오래 못 가지
이러다간 끝내 못 가지

설은 세 그릇 짬밥으로
기름투성이 체력전을
전력을 다 짜내어 바둥치는
이 전쟁 같은 노동일을
오래 못 가도
끝내 못 가도
어쩔 수 없지
탈출할 수만 있다면,

진이 빠져, 허깨비 같은
스물아홉의 내 운명을 날아 빠질 수만 있다면
아 그러나
어쩔 수 없지 어쩔 수 없지
죽음이 아니라면 어쩔 수 없지
이 질긴 목숨을,
가난의 멍에를,
이 운명을 어쩔 수 없지

늘어처진 육신에
또다시 다가올 내일의 노동을 위하여
새벽 쓰린 가슴 위로
차가운 소주를 붓는다.
소주보다 독한 깡다구를 오기를
분노와 슬픔을 붓는다.

어쩔 수 없는 이 절망의 벽을
기어코 깨뜨려 솟구칠
거치른 땀방울, 피눈물 속에
새근새근 숨쉬며 자라는
우리들의 사랑
우리들의 분노
우리들의 희망과 단결을 위해
새벽 쓰린 가슴 위로
차가운 소주잔을
돌리며 돌리며 붓는다.
노동자의 햇새벽이
솟아오를 때까지

남해금산

이성복

한 여자 돌 속에 묻혀 있었네.
그 여자 사랑에 나도 돌 속에 들어갔네.
어느 여름 비 많이 오고
그 여자 울면서 돌 속에서 떠나갔네.
떠나가는 그 여자 해와 달이 끌어 주었네.
남해 금산 푸른 하늘가에 나 혼자 있네.
남해 금산 푸른 바닷물 속에 나 혼자 잠기네.

사랑하는 그대여, 나 죽거든

로제티

사랑하는 그대여, 나 죽거든
나를 위해 슬픈 노래 부르지 마셔요.
그리고 내 머리맡에 장미를 심지 마시고
그늘 짓는 삼나무도 심지 마셔요.
내 몸을 덮을 풀이 비와 이슬에 젖어
무성하게 자라게만 해 주셔요.
그리고 당신이 원한다면 나를 기억해 주시고
또 잊어버리고 싶으시면 잊어주셔요.

나는 그늘을 볼 수 없을 거예요.
비가 내리는 것도 모를 거예요.
두견새 구슬프게 우는 것도
나는 들을 수 없을 거예요.
그리고 해가 뜨지도 지지도 않는
어둠 속에 누워 꿈꾸면서

나는 당신을 그리워할 거예요.
아니, 어쩌면 잊을지도 모를 거예요.

저문 강에 삽을 씻고

정희성

흐르는 것이 물뿐이랴.
우리가 저와 같아서
강변에 나가 삽을 씻으며
거기 슬픔도 퍼다 버린다.
일이 끝나 저물어
스스로 깊어가는 강을 보며
쭈그려 앉아 담배나 피우고
나는 돌아갈 뿐이다.

삽자루에 맡긴 한 생애가
이렇게 저물고, 저물어서
샛강 바닥 썩은 물에
달이 뜨는구나.
우리가 저와 같아서
흐르는 물에 삽을 씻고
먹을 것 없는 사람들의 마을로
다시 어두워 돌아가야 한다.

문의(文義)마을에 가서

고은

겨울 문의에 가서 보았다.
거기까지 닿은 길이
몇 갈래의 길과
가까스로 만나는 것을.
죽음은 죽음만큼 길이 적막하기를 바란다.
마른 소리로 한 번씩 귀를 닫고
길들은 저마다 추운 쪽으로 뻗는구나.
그러나 삶은 길에서 돌아가
잠든 마을에 재를 날리고
문득 팔장 끼어서
먼 산이 너무 가깝구나.
눈이여 죽음을 덮고 또 무엇을 덮겠느냐.
겨울 문의에 가서 보았다.
죽음이 삶을 껴안은 채
한 죽음을 받는 것을.

끝까지 사절하다가
죽음은 인기척을 듣고
저만큼 가서 뒤를 돌아다본다.
모든 것은 낮아서
이 세상에 눈이 내리고
아무리 돌을 던져도 죽음에 마지않는다.
겨울 문의여 눈이 죽음을 덮고 또 무엇을 덮겠느냐.

성북동 비둘기

김광섭

성북동 산에 번지가 새로 생기면서
본래 살던 성북동 비둘기만 번지가 없어졌다.
새벽부터 돌 깨는 산울림에 떨다가
가슴에 금이 갔다.
그래도 성북동 비둘기는
하느님의 광장 같은 새파란 아침 하늘에
성북동 주인에게 축복의 메시지나 전하듯
성북동 하늘을 한 바퀴 휘돈다.

성북동 메마른 골짜기에는
조용히 앉아 콩알 하나 찍어 먹을
널찍한 마당은커녕 가는 데마다
채석장 포성이 메아리쳐서
피난하듯 지붕에 올라앉아
아침 구공탄 굴뚝 연기에서 향수를 느끼다가

산 1번지 채석장에 도로 가서
금방 따낸 돌 온기에 입을 닦는다.

예전에는 사람을 성자처럼 보고
사람 가까이서
사람과 같이 사랑하고
사람과 같이 평화를 즐기던
사랑과 평화의 새, 비둘기는
이제 산도 잃고 사람도 잃고
사랑과 평화의 사상까지
낳지 못하는 쫓기는 새가 되었다.

목계장터

신경림

하늘은 날더러 구름이 되라 하고
땅은 날더러 바람이 되라 하네.
청룡 흑룡 흩어져 비 개인 나루
잡초나 일깨우는 잔바람이 되라네.
뱃길이라 서울 사흘 목계 나루에
아흐레 나흘 찾아 박가분 파는
가을볕도 서러운 방물장수 되라네.
산은 날더러 들꽃이 되라 하고

강은 날더러 잔돌이 되라 하네.
산서리 맵차거든 풀 속에 얼굴 묻고
물여울 모질거든 바위 뒤에 붙으라네.
민물 새우 끓어넘는 토방 툇마루
석삼 년에 한 이레쯤 천치로 변해
짐부리고 앉아 쉬는 떠돌이가 되라네.
하늘은 날더러 바람이 되라 하고
산은 날더러 잔돌이 되라하네

춘망(春望)

두보

나라는 깨져도
산하(山河)는 남고

옛성에 봄이 오니
초목 우거져…….

시세(時勢)를 서러워하여
꽃에도 눈물 짓고

이별이 한스러워
새소리에도 놀라는 것.

봉화(烽火) 석 달이나
끊이지 않아

만금(萬金)같이 어려운
가족의 글월.

긁자니 또다시
짧아진 머리

이제는 비녀조차
못 꽂을레라.

서울에 사는 평강공주

박라연

동짓달에도 치자꽃이 피는 신방에서 신혼 일기를 쓴다 없는 것이 많아 더욱 따뜻한 아랫목은 평강공주의 꽃밭 색색의 꽃씨를 모으던 흰 봉투 한 무더기 산동네의 맵찬 바람에 떨며 흩날리지만 봉할 수 없는 내용들이 밤이면 비에 젖어 울지만 이제 나는 산동네의 인정에 곱게 물든 한 그루 대추나무 밤마다 서로의 허물을 해진 사랑을 꿰맨다
…… 가끔…… 전기가…… 나가도…… 좋았다…… 우리는……

새벽녘 우리 낮은 창문가엔 달빛이 언 채로 걸려 있거나 별 두서넛이 다투어 빛나고 있었다 전등의 촉수를 더 낮추어도 좋았을 우리의 사랑방에서 꽃씨 봉지랑 청색 도포랑 한 땀 한 땀 땀흘려 깁고 있지만 우리 사랑 살아서 앞마당 대추나무에 뜨겁게 열리지만 장안의 앉은뱅이저울은 꿈쩍도 않는다 오직 혼수며 가문이며 비단금침만 뒤우뚱거릴 뿐 공주의 애틋한 사랑은 서울의 산 일번지에 떠도는 옛날 이야기 그대 사랑할 온달이 없으므로 더더욱

소망의 시 · 1

서정윤

하늘처럼 맑은 사람이 되고 싶다.
햇살같이 가벼운 몸으로
맑은 하늘을 거닐며
바람처럼 살고 싶다. 언제 어디서나
흔적 없이 사라질 수 있는
바람의 뒷모습이고 싶다.
하늘을 보며, 땅을 보며
그리고 살고 싶다.
길 위에 떠 있는 하늘, 어디엔가
그리운 얼굴이 숨어 있다.
깃털처럼 가볍게 만나는
신의 모습이
인간의 소리들로 지쳐 있다.

불기둥과 구름기둥을 앞세우고

알타이 산맥을 넘어
약속의 땅에 동굴을 파던 때부터
끈질기게 이어져오던 사랑의 땅
눈물의 땅에서, 이제는
바다처럼 조용히
자신의 일을 하고 싶다.
맑은 눈으로 이 땅을 지켜야지.

시인 소개

별 헤는 밤 – 윤동주(尹東柱, 1917~1945)
어린 시절 이름은 해환(海煥), 일본에서 학업 도중 독립 운동을 했다는 혐의로 일본경찰에 체포되어 복역 중 건강이 악화되어 1945년 2월에 생을 마쳤다. 유고집《하늘과 바람과 별과 시》가 있다.

너에게 묻는다 – 안도현(安度眩, 1961~)
1981년《대구매일신문》신춘문예에〈낙동강〉이, 1984년《동아일보》신춘문예에〈서울로 가는 전봉준〉이 당선되어 등단했다. 시집으로는《바닷가 우체국》(1999),《간절하게 참 철없이》(2008) 등이 있다.

그 먼 나라를 알으십니까 – 신석정(辛夕汀, 1907~1974)
1931년《시문학》3호부터 동인으로 참여하면서 작품 활동을 본격화했으며 시집으로는《촛불》(1939)《슬픈 목가(牧歌)》(1947)《빙하(氷河)》(1956)《산의 서곡(序曲)》(1956)《대바람 소리》(1970) 등이 있다.

진달래꽃 – 김소월 (金素月, 1902~1934)
스승 김억(金億)의 지도와 영향 아래 시를 쓰기 시작, 불과 5,6년 남짓한 짧은 문단생활 동안 154편의 시와 시론(詩論)《시혼(詩魂)》을 남겼다. 유일한 시집으로《진달래꽃》(1925)이 있다.

성탄제 – 김종길 (金宗吉, 1926~)
1947년《경향신문》신춘문예에 시〈문〉이 입선하여 등단,《성탄제》(1969)《하회에서》(1977)《황사현상》(1986)《해가 많이 짧아졌다》(2004)《해거름 이삭줍기》(2008) 등을 간행하였다.

귀천 – 천상병 (千祥炳, 1930~1993)
1952년《문예(文藝)》에〈강물〉,〈갈매기〉등을 추천받은 후 여러 문예지에 시와 평론 등을 발표했다.《주막에서》(1979),《귀천(歸天)》(1989),《요놈 요놈 요 이쁜 놈》(1991) 등의 시집이 있다.

희미한 옛사랑의 그림자 – 김광규 (金光圭, 1941~)
1975년《문학과 지성》여름호에 4편의 시를 발표하여 문단에 데뷔. 1981년 시선집《반달곰에게》로 제5회 오늘의 작가상, 1984년《아니다 그렇지 않다》로 제4회 김수영문학상등을 수상했다.

섬 – 정현종 (鄭玄宗, 1939~)
재학 시절 발표한 시가 박두진 교수의 눈에 띄어 1964년 5월《현대문학》에 추천을 받았다. 이후《현대문학》에서 3회 추천을 완료하고 문단에 등단했다. 시집으로《사물의 꿈》(1972) 등이 있다.

목마와 숙녀 – 박인환 (朴寅煥, 1926~1956)
종로에서 마리서사(書肆)라는 서점을 경영하면서 많은 시인들과 알게 되어 1946년부터 시를 쓰기 시작했다. 시집으로는《박인환선시집(朴寅煥選詩集)》(1955)이 있다.

가지 않은 길 – 프로스트 (Robert Lee Frost, 1874~1963)
미국의 시인. 뉴햄프셔의 농장에서 오랫동안 생활해 그 지방의 자연을 맑고 쉬운 언어로 표현하였다. 전후 4회에 걸쳐 퓰리처상을 받았다. 시집으로는《보스턴의 북쪽》《시 모음집》등이 있다.

행복-유치환(柳致環, 1908~1967)
정지용(鄭芝溶)의 시에서 감동을 받아 시를 쓰기 시작, 1931년 《문예월간》지에 시 〈정적(靜寂)〉을 발표함으로써 시단에 데뷔했다. 시집으로 《청마시초(靑馬詩抄)》(1939) 등 14권이 있다.

지옥에서 보낸 한철-랭보(Jean-Nicolas-Arthur Rimbaud, 1854~1891)
19세기 프랑스의 시인. 남아 있는 작품은 모두 15세부터 20세 사이의 작품이다. 이장바르에게 영향을 받았으며 프랑스 상징파 시인 베를렌과 연인 사이였다.

모란이 피기까지는-김영랑(金永郞, 1903~1950)
《시문학》동인. 일제강점기 말에는 창씨개명과 신사참배를 거부했고 6·25 전쟁 때 서울을 빠져나가지 못하고 은신하다가 파편에 맞아 사망하였다. 《영랑시집》(1935), 《영랑시선》(1956)이 있다.

해에게서 소년에게-최남선(崔南善, 1890~1957)
자택에 신문관(新文館)을 설립하고 최초의 잡지 《소년》을 창간. 1919년 3·1운동 때는 독립선언문을 기초하고 민족대표 48인 중의 한 사람으로 체포되기도 했다. 《백팔번뇌》 등의 시조집이 있다.

미라보 다리-아폴리네르(Guillaume Apollinaire, 1880~1918)
프랑스의 시인이자 소설가. 소설 《썩어가는 요술사(妖術師)》(1909) 등이 있으며 시집으로《동물시집》(1911) 외에 《알콜》(1913) 《칼리그람》(1918)의 두 대표 시집이 있다.

당신을 사랑하기에-헤르만 헤세(Hermann Hesse, 1877~1962)
독일의 소설가이자 시인. 단편집·시집·우화집·여행기·평론·수상(隨想)·서한집 등 다수의 간행물을 썼다. 주요 작품으로 《수레바퀴 밑에서》(1906) 《데미안》(1919) 《싯다르타》(1922) 등이 있다.

우리 오빠와 화로-임화(林和, 1908~1953)
잡지 《학예사(學藝社)》 주간을 거쳐 1926년 카프에 가입. 1929년 《우리 오빠와 화로》, 《네거리의 순이》와 같은 단편 서사시 계열의 시를 발표. 1947년 월북했다.

울음이 타는 가을 강-박재삼(朴在森, 1933~1997)
집안 사정으로 삼천포여자중학교 사환으로 들어가 일하다가 이곳 교사인 시조시인 김상옥을 만나 시를 쓰기로 결심. 1955년 《현대문학》으로 데뷔했다.

사평역에서-곽재구(郭在九, 1954~)
《중앙일보》 신춘문예에 시 〈사평역〉이 당선되어 등단. 이후 처녀시집 《사평역에서》를 스테디셀러로 만들며 유명해졌다. 시집으로 《사평역에서》(1983) 《참 맑은 물살》(1995) 등이 있다.

타는 목마름으로-김지하(金芝河, 1941~)
1970년대 내내 민족문학의 상징이자 유신 독재에 대한 저항운동의 중심으로서 도피와 유랑, 투옥과 고문, 사형선고와 무기징역, 사면과 석방 등을 겪었다. 《황토》 등의 시집에 있다.

첫사랑-괴테(Johann Wolfgang von Goethe, 1749~1832)
독일의 시인·극작가·정치가·과학자. 《젊은 베르테르의 슬픔》(1774)으로 일약 문단에서 이름을 떨쳤다. 주요 저서로는 23세 때부터 쓰기 시작한 《파우스트》(1831) 등이 있다.

산비둘기-장 콕도(Jean Cocteau, 1889~1963)
프랑스의 시인·소설가·극작가. 부유한 가정에서 성장하여 일찍부터 파리 사교계에 출입하였고, 20세 때에는 처녀 시집 《알라딘의 램프》(1909)를 출판했다. 시집 《희망봉》(1919) 등이 있다.

휴전선-박봉우(朴鳳宇, 1934~1990)
조선일보 신춘문예에 시 〈휴전선〉이 당선되어 등단. 시집으로는 《휴전선》(1957), 《겨울에도 피는 꽃나무》(1959) 《4월의 화요일》(1962) 《황지(荒地)의 풀잎》(1976) 등이 있다.

우울한 상송-이수익(李秀翼, 1942~)
방송국 일을 하면서 시를 발표했던 시인. 1963년 서울신문 신춘문예에 〈고별〉 〈편지〉로 등단. 시집 《우울한 상송》(1969) 《푸른 추억의 빵》(1995) 《눈부신 마음으로 사랑했던》(2000) 등이 있다.

생의 한가운데서-휠덜린(Johann Christian Friedrich Hölderlin, 1770~1843)
독일 시인. 생전에 시집은 나오지 않았지만 단편으로 끝난 비극 《엠페도클레스의 죽음》(1797~1799)을 비롯하여 많은 시를 남겼다.

초토의 시 8 - 적군 묘지 앞에서-구상(具常, 1919~2004)
1946년 동인지 시집 《응향(凝香)》을 통해 데뷔했으나 반사회주의적이라는 이유로 반동작가로 비판받자 월남했다. 시집으로 《구상시집》(1951) 《초토의 시》(1956) 등이 있다.

가을에 -정한모(鄭漢模, 1923~1991)
1945년 동인잡지 《백맥(白脈)》에 시 〈귀향시편(歸鄉詩篇)〉을 발표하면서 문단에 데뷔, 이어 동인지 《시탑(詩塔)》을 6집까지 주재했으며 전광용(全光鏞) 등과 《주막》 동인으로 활약했다.

사랑의 찬가-네르발(Gerard de Nerval, 1808~1855)
19세기 프랑스의 시인·소설가. 1827년 《파우스트》를 번역하면서 문단에 데뷔. 저널리스트로도 활약했다. 《불의 딸》 《오렐리아, 꿈과 인생》, 상징주의의 선구적 작품이라 할 만한 《환상시집》 등이 있다.

남신의주 유동 박시봉방-백석(白石, 1912~1996)
조선일보사 출판부에 근무하였으며, 1936년 시집 《사슴》을 간행하여 문단에 데뷔. 방언을 즐겨 쓰면서도 모더니즘을 발전적으로 수용한 시들을 발표하였다.

풍장-황동규(黃東奎, 1938~)
소설가 황순원(黃順元)의 맏아들. 《현대문학》에 추천되어 시인으로 등단했다. 시집 《열하일기》(1972) 《견딜 수 없이 가벼운 존재들》(1988) 《몰운대행》(1991) 《버클리풍의 사랑노래》(2000) 등이 있다.

삶이 그대를 속일지라도-푸슈킨(Aleksandr Sergeevich Pushkin, 1799~1837)
러시아의 시인, 소설가. 외무성에서 관료생활을 하기도 했으나 농노 제도 및 전제정치를 공격하는 시 〈자유〉(1817) 〈마을〉(1819) 등으로 인해 남러시아로 추방당하기도 했다.

벼-이성부(李盛夫, 1942~)
고등학교 재학 당시《전남일보》신춘문예에 시 〈바람〉이 당선되었고,《태팡》《순문학》의 동인으로 활동하며 시인 김현승(金顯承)에게 사사받았다. 28년간 기자로 지냈으며 출판사에서 재직하기도 했다.

새들도 세상을 뜨는구나-황지우(黃芝雨, 1952~)
1980년《중앙일보》신춘문예에〈연혁(沿革)〉이 입선,《문학과 지성》에〈대답없는 날들을 위하여〉를 발표하여 등단했다.〈새들도 세상을 뜨는구나〉(1983)는 김수영문학상을 수상했다.

유령-보들레르(Charles-Pierre Baudelaire, 1821~1867)
19세기 후반 프랑스의 시인. 에드거 앨런 포의 작품을 번역·소개하였고, 랭보 등 상징파 시인들에게 영향을 끼쳤다. 대표작으로 시집《악의 꽃》이 있다.

동방의 등불-타고르(Rabindranath Tagore, 1861~1941)
인도 시인. 벵골 문예 부흥의 중심이었던 집안 분위기 탓에 일찍부터 시를 썼고 16세에는 첫 시집《들꽃》을 냈다. 시집《기탄잘리》로 1913년 노벨 문학상을 받았다.

겨울 바다-김남조(金南祚, 1927~)
1950년《연합신문》에 시〈성수(星宿)〉등을 발표해 문단에 등단. 1953년 첫시집《목숨》으로 작품 활동을 시작했다. 사랑과 인생을 섬세한 언어로 형상화해 '사랑의 시인' 이라 불린다.

눈-김수영(金洙暎, 1921~1968)
합동시집《새로운 도시와 시민들의 합창》을 간행하여 주목을 받았다. 6·25전쟁 때 피난을 못해 의용군으로 끌려 나갔다가 거제도 포로수용소에서 석방되었다.

로렐라이-하이네(Heinrich Heine, 1797~1856)
독일의 시인. 낭만주의와 고전주의 전통을 잇는 서정시인인 동시에 반(反)전통적·혁명적 저널리스트였다. 시집으로《시집》(1822)《노래책》(1827)《로만체로》(1851) 등이 있다.

가을날-릴케(Rainer Maria Rilke, 1875~1926)
독일의 시인. 로댕의 비서로 일하면서 예술적으로 많은 영향을 받았다. 시집으로는《꿈의 관(冠)》(1897)《강림절》(1898)《나의 축일에》(1899)《두이노의 비가(悲歌)》(1922) 등이 있다.

풀잎-박성룡(朴成龍, 1932년~)
1956년《문화예술》에 조지훈에 의해 추천되어 등단. 시집으로《가을에 잃어버린 것들》(1969)《춘하추동》(1970)《동백꽃》(1977)《고향은 땅끝》(1991) 등이 있다.

우리가 물이 되어−강은교(姜恩喬, 1945~)
1968년 《사상계》 신인문학상을 통해 등단. 《70년대》동인으로 활동. 시집으로는 《풀잎》(1974) 《우리가 물이 되어》(1987) 《하나보다 더 좋은 백의 얼굴이어라》(1989) 《초록 거미의 사랑》(2006) 등이 있다.

그대는 나의 전부입니다−파블로 네루다(Pablo Neruda, 1904~1973)
칠레의 시인으로 1971년 노벨문학상을 수상하였다. 근대주의적인 〈황혼의 노래〉로 문단에 등단. 정치활동에 몰두하기도 했으나 다시 일상적인 친밀한 세계를 노래하게 되었다.

낙엽−구르몽(Remy de Gourmont, 1858~1915)
프랑스의 문예평론가·시인·소설가. 상징주의 이론을 전개했으며 문예지 《메르퀴르 드 프랑스》에 평론을 발표했다. 주요 저서로 《가면집》(1896~1898) 《프랑스어의 미학》(1899) 등이 있다.

자수−허영자(許英子, 1938~)
1962년 《현대문학》을 통해 등단. 《문체》동인. 시집으로는 《가슴엔듯 눈엔듯》(1966) 《친전》(1971) 《어여쁨이여 어찌 꽃뿐이랴》(1978) 《빈 들판을 걸어가면》(1984) 《기타를 치는 접시의 노래》(1995) 등이 있다.

사슴−노천명(盧天命, 1912~1957)
이화여전을 다닐 때부터 시를 발표하기 시작, 졸업 후에는 《조선중앙일보》 《조선일보》 《매일신보(每日申報)》 기자를 지냈고, 1941년부터 1944년까지 친일작품을 남기기도 했다.

지란지교를 꿈꾸며−유안진(柳岸津, 1941~)
1965년 《현대문학》에 박목월의 추천을 받아 등단하였다. 장르를 넘나드는 활발한 활동을 했다. 시집으로는 《달하》(1970) 《기쁜 이별》(1998) 《봄비 한 주머니》(2000) 《알고》(2009) 등이 있다.

인생찬가−롱펠로(Henry Wadsworth Longfellow, 1807~1882)
미국의 시인. 유럽의 시적 전통, 특히 유럽 대륙 여러 나라의 민요를 솜씨있게 번안·번역함으로써 미국 대중에게 전달한 공적이 크다. 시집으로 《그 후》(1873), 《판도라의 가면과 다른 시》 등이 있다.

바다의 소슬바람−말라르메(Stephane Mallarmé, 1842~1898)
19세기 프랑스의 상징파 시인. 20세기 초 활약한 지드, 발레리 등 20세기 전반 프랑스 문학계에 큰 영향을 주었다. 시집으로는 《목신의 오후》(1877) 《주사위 던지기》(1897) 등이 있다

이별−바이런(George Gordon Byron, 1788~1824)
영국 낭만파 시인. 반속적(反俗的)인 천재시인, 미남인 젊은 독신귀족이라 하여 런던 사교계의 총아로 등장했다. 시집으로는 《게으른 나날》(1807) 등이 있다.

상현−나희덕(羅喜德, 1966~)
1989년 《중앙일보》 신춘문예를 통해 등단했다. 《시힘》동인으로 활동. 시집으로는 《뿌리에게》(1991) 《그곳이 멀지 않다》(1997) 《사라진 손바닥》(2004) 《야생사과》(2009) 등이 있다.

추일서정-김광균(金光均, 1914~1993)
《중앙일보》와 《동아일보》에 시를 발표했으며, 《시인부락》(1936) 동인, 《자오선(子午線)》(1937) 동인으로 활동했다. 시집으로 《와사등(瓦斯燈)》(1939) 《기항지(寄港地)》(1947)가 있다.

사랑-드라이든(John Dryden, 1631~1700)
영국의 시인, 극작가겸 비평가. 왕정복고기의 대표적인 문인으로 다방면에 걸쳐서 많은 저술을 남겼다. 작품으로는 〈경이(驚異)의 해〉(1667) 등을 남겼다.

수선화-워즈워스(William Wordsworth, 1770~1850)
영국 낭만파 시인. 1843년 정부로부터 '계관 시인'의 영광이 주어졌다. 시집으로는 시집 《서정 가요집》(1798) 《서곡》(1850)등이 있다.

저녁눈-박용래(朴龍來, 1925~1980)
동인지 《동백》을 간행하면서 활동했으며 1955년 《현대문학》을 통해서 등단했다. 시집으로 《싸락눈》(1969) 《백발의 꽃대궁(1979)과 공동시집 《청와집(靑蛙集)》(1971), 시선집 《강아지풀》(1975) 등이 있다.

날아라, 시간의 포충망에 붙잡힌 우울한 몽상이여-장석주(張錫周, 1954~)
1979년 《조선일보》 신춘문예에 시가, 같은 해 《동아일보》 신춘문예에 문학평론이 당선되어 등단. 시집으로는 《크고 헐렁헐렁한 바지》(1996) 《애인》(1998) 《절벽 시집》(2007) 등이 있다.

개의 반박-루쉰(魯迅, 1881~1936)
중국의 문학가겸 사상가. 1918년 문학혁명을 계기로 《광인일기(狂人日記)》를 발표하여 가족제도와 예교(禮敎)의 폐해를 폭로했다. 주요 저서로 《아큐정전(阿Q正傳)》(1921~1923) 등이 있다.

아가 6-신달자(愼達子, 1943년~)
1972년 《현대문학》에 투고한 시로 박목월의 추천을 받으며 등단. 시집으로 《겨울축제》(1976) 《고향의 물》(1982) 《아가(雅歌)》(1986) 《백치애인》(1988) 《고독은 가장 깊은 사랑이다》(1996) 등이 있다.

눈물-김현승(金顯承, 1913~1975)
교지에 투고한 시가 시인 양주동(梁柱東)의 인정을 받아 《동아일보》에 발표(1934)되어 등단. 일제강점기 말에는 붓을 꺾고 침묵을 지키다가 8·15광복 후 1949년부터 다시 작품을 발표했다.

낡은 집-이용악(李庸岳, 1914~1971)
《신인문학》을 통해 등단. 김종한(金鍾漢)과 함께 동인지 《이인》을 발간했고, 《인문평론》지의 기자로 근무하기도 했다. 8·15광복 후에는 '조선문학가동맹'의 맹원으로 활약하다 6·25전쟁 중에 월북했다.

이니스프리 호수 섬-예이츠(William Butler Yeats, 1865~1939)
아일랜드의 시인겸 극작가. 1923년에는 노벨문학상을 수상하였다. 시집으로는 《오이진의 방랑기》(1889) 《마이켈 로버츠와 무희(舞姬)》(1921) 《탑(塔)》(1928) 등이 있다.

바다와 나비-김기림(金起林, 1908.5.11~?)
1930년대 초반에 《조선일보》 기자로 활약하다 등단. 대학교에서 강의를 하다가 6·25전쟁 때 납북되었다. 시집으로 《기상도(氣象圖)》(1936) 《바다와 나비》(1946) 《새노래》(1948) 등이 있다.

물레질하는 여인의 노래-브렌타노(Clemens Brentano, 1778~1842)
독일 후기낭만파의 시인. 아르님과 함께 편집한 가요집 《소년의 마적》(1805~1808)은 사라질 뻔했던 민간 전승문학을 구해냈고 민속학 건설에 기여한 주요 문헌이다.

사랑은 아픔을 위해 존재합니다-칼릴 지브란(Kahlil Gibran, 1883~1931)
철학자, 화가, 소설가, 시인으로 유럽과 미국에서 활동한 레바논의 대표작가. 현대의 성서라 불리는 영어 산문시집 《예언자》(1923), 아랍어로 쓴 소설 《부러진 날개》(1912) 등의 작품으로 유명하다.

꽃-김춘수(金春洙, 1922~2004)
첫시집 《구름과 장미》로 등단. 평론가로도 활동하였다. 사물의 이면에 내재하는 본질을 파악하는 시를 써 '인식의 시인'으로도 알려졌다. 시집으로 《늪》(1950) 《의자와 계단》(1999) 등이 있다.

광야-이육사(李陸史, 1904~1944)
시인이자 독립운동가. 이육사라는 이름은 대구형무소 수감번호 '264'에서 취함한 것. 《자오선》동인. 생존에 작품집은 없었으며 1946년 동생에 의해 《육사시집》이 간행되었다.

해 -박두진(朴斗鎭, 1916~1998)
1939년 《문장》을 통해 등단. 1946년부터 박목월, 조지훈등과 함께 청록파 시인으로 활동했다. 시집으로는 《해》(1949) 《오도(午禱)》(1954) 《거미와 성좌(星座)》(1961) 등이 있다.

온종일-프뢰딩(Gustaf Fröding, 1860~1911)
스웨덴의 시인으로 향토의 자연과 농민생활을 깊은 애정으로 묘사하였다. 처녀시집 《기타와 손풍금》(1981)을 비롯하여 많은 작품을 발표했으나 정신병으로 6년간의 창작활동을 중단하였다.

차라리 침묵하세요-밀란 쿤데라(Milan Kundera, 1929~)
체코의 시인이자 소설가로 시·평론과 희곡·단편·장편 등 어느 장르에서나 뛰어난 작품을 발표하였고 번역 작품으로도 유명하다. 장편소설 《참을 수 없는 존재의 가벼움》(1984) 《느림》(1995) 등이 있다.

껍데기는 가라-신동엽(申東曄, 1930~1969)
1959년 《조선일보》 신춘문예를 통해 등단. 민족수난의 한스러움을 주로 노래했다. 시집으로 《아사녀》(1963), 시극(詩劇) 《그 입술에 파인 그늘》(1966), 평론 《시인정신론》(1961) 등을 발표했다.

피아노-전봉건(全鳳健, 1928~1988)
1950년 《문예》를 통해 등단. 6·25전쟁 때 참전한 경험을 살려, 김종삼(金宗三) 등과 연대시집 《전쟁과 음악과 희망과》를 간행했다. 시집으로는 《전봉건 시선》(1985) 《피리》(1980) 《북의 고향》(198)등이 있다.

동천-서정주(徐廷柱, 1915~2000)
1936년 《동아일보》 신춘문예를 통해 등단. 친일작품을 발표하기도 했다. 시집으로는 《화사집》(1941)
《귀촉도》(1948) 1955년에는 《서정주 시선》(1955) 등이 있다.

가던 길 멈춰서서-윌리엄 헨리 데이비스(William Henry Davis, 1871~1940)
영국의 시인. 신대륙까지 발길을 옮긴 방랑생활 뒤 시작(詩作)을 시작하여 자연을 노래하는 소박한 시풍으로 인정받았다.

어느 인생의 사랑-브라우닝(Robert Browning, 1812~1889)
영국 빅토리아조를 대표하는 시인. 부유한 집안에서 일찍부터 재능을 나타냈다. 주요 저서로는 《안드레아 델 사르토》(1855) 《반지와 책》(1868~1869)등이 있다.

빛나는 별이여-키츠(John Keats, 1795~1821)
영국의 시인. 22세에 첫시집 《시집》을 펴냈다. 생애 동안에 비평가들에게 높이 평가받지는 못했지만 사후에 많은 후대 시인들에게 영향을 끼쳤다. 25세의 나이로 요절한다.

님의 침묵-한용운(韓龍雲, 1879~1944)
독립운동가 겸 승려이자 시인. 일제시대 때 시집 《님의 침묵(沈默)》(1926)을 출판하여 저항문학에 앞장섰고, 불교를 통한 청년운동을 강화하였다.

달밤에 친구는 오지 않고-백거이(白居易, 772~846)
자 낙천(樂天), 호 취음선생(醉吟先生)·향산거사(香山居士). 중국 중당기(中唐期)의 시인. 현존하는 작품은 3,800여 수이며 〈장한가(長恨歌)〉 〈비파행(琵琶行)〉등이 유명하다.

한 잎의 여자-오규원(吳圭原, 1941~2007)
1968년 《현대문학》을 통해 등단. 출판사를 경영하기도 하였으며 서울예술대학 문예창작과 교수로 20년간 많은 문인을 길러냈다. 시집으로는 《분명한 사건》(1971) 등이 있다.

그대는 내게서 본다-셰익스피어(William Shakespeare, 1564~1616)
영국의 시인이자 극작가. 희·비극을 포함한 37편의 희곡과 여러 권의 시집 및 소네트집이 있다. 주요 작품으로 《로미오와 줄리엣》(1594) 《베니스의 상인》(1596) 《햄릿》(1600) 등이 있다.

아, 해바라기여-W 브레이크(William Blake, 1757~1827)
영국 시인 겸 화가. 어린 시절부터 특별한 환상력을 가지고 있어 신비로운 체험을 시로 표현했다. 시집으로는 《결백의 노래》(1789) 《셀의 서(書)》(1789) 《밀턴》(1804~1808)등이 있다.

나그네-박목월(朴木月, 1915~1978)
1939년 《문장(文章)》을 통해 등단. 시잡지 《심상(心像)》을 발행했다. 시집으로는 《청록집(靑鹿集)》(1946) 《경상도가랑잎》(1968)등이 있다.

불놀이-주요한(朱耀翰, 1900~1979)
1919년 《창조(創造)》 동인으로 등단. 국회의원을 거쳐 4 · 19혁명 후 장면 내각 때는 부흥부장관 · 상공부장관을 역임했다. 시집으로는 《아름다운 새벽》(1924)이 있다.

낙화-이형기(李炯基, 1933~2005)
1949년 《문예》를 통해 최연소 등단 기록을 세웠다. 1962년 《현대문학》에 평론 〈상식적 문학론〉을 연재하면서 시뿐 아니라 평론 분야에서도 크게 활약했다.

엄마 걱정-기형도(奇亨度, 1960~1989)
1985년 《동아일보》 신춘문예로 등단. 《중앙일보》에 기자로 활동하면서 지속적으로 작품을 발표했다. 시집 출간을 준비하던 중 뇌졸중으로 사망했다. 유고 시집 《입 속의 검은 잎》(1989)이 있다.

나 자신의 노래-휘트먼(Walt Whitman, 1819~1892)
19세기 미국의 시인. 시집 《풀잎》은 종래 전통적 시형을 벗어나, 미국의 적나라한 모습을 찬미했다. 3판에 이르러는 '예언자 시인' 으로의 변모를 드러냈다. 산문집 《자선일기 기타》가 유명하다.

마리아의 노래-노발리스(Novalis, 1772~1801)
본명 프리드리히 폰 하르덴베르크(Friedrich von Hardenberg). 폐결핵으로 29세에 요절. 《밤의 찬가》(1800)와 미완(未完)의 장편소설 《푸른 꽃》(1802)이 특히 유명하다.

승무-조지훈(趙芝薰, 1920~1968)
엄격한 가풍 속에서 한학을 배우고 독학으로 중학과정을 마쳤다. 1940년 《문장》지를 통해 등단. 박두진, 박목월과 함께 1946년 시집 《청록집(靑鹿集)》을 간행하여 '청록파' 라 불린다.

거울-이상(李箱, 1910~1937)
《구인회》동인. 폐병으로 오는 절망감을 이기기 위해 본격적으로 문학 시작. 1934년 시 〈오감도(烏瞰圖)〉를 조선중앙일보에 연재하기 시작했으나 독자들의 항의로 중단했다.

비오는 창-송욱(宋稶, 1925~1980)
1953년 《문예(文藝)》지를 통해 등단. 모교 서울대 문리대 교수, 인문대학장 등을 지내며 교단을 지켰다. 시집으로는 《하여지향》(1961) 《월정가(月精歌)》(1971) 등이 있다.

햇살에게-정호승(鄭浩承, 1950~)
1973년 《대한일보》 신춘문예를 통해 등단. 1982년에는 《조선일보》 신춘문예에 단편소설 〈위령제〉로 당선되기도 했다. 시집으로는 《슬픔이 기쁨에게》(1979) 《외로우니까 사람이다》(1998) 등이 있다.

향수-정지용(鄭芝溶, 1902~1950)
《시문학》(1930)을 창간했고 1939년에 창간된 《문장》지 시 부문 심사 위원으로 조지훈(趙芝薰) · 박두진(朴斗鎭) · 박목월(朴木月) 등 역량있는 시인을 많이 배출했다.

노동의 새벽-박노해(朴勞解, 1958~)
섬유, 화학, 건설, 금속, 운수 노동자로 일하다 남한사회주의노동자연맹(사노맹) 사건으로 무기징역을 선고받고 1991년부터 1998년까지 복역했다. 시집《노동의 새벽》등이 있다.

남해금산-이성복(李晟馥, 1952~)
《문학과 지성》에 〈정든 유곽에서〉를 발표해 등단. 시집으로는《뒹구는 돌은 언제 잠깨는가》(1980)《남해금산》(1986)《호랑가시나무의 기억》(1993) 등이 있다.

사랑하는 그대여, 나 죽거든-로제티(Dante Gabriel Rossetti, 1828~1882)
영국의 화가겸 시인. '라파엘 전파(前派)'를 결성하였고, 신화, 성서, 문학작품 등을 통하여 얻은 주제로 수채화나 소묘로 서정적 작품을 제작하였다.

저문 강에 삽을 씻고-정희성(鄭喜成, 1945~)
군복무 시절이던 1970년《동아일보》신춘문예에 시 〈변신〉이 당선되어 등단. 시집《답청》(1974)《저문 강에 삽을 씻고》(1978)《한 그리움이 다른 그리움에게》(1991)《시를 찾아서》(2001) 등이 있다.

문의 마을로 가서-고은(高銀, 1933~)
1952년 입산하여 일초(一超)라는 법명을 받고 불교 승려가 되었다. 1958년 조지훈의 추천으로《현대문학》을 통해 등단. 시집으로는《피안감성》(彼岸感性)(1960)《허공》(2008) 등이 있다.

성북동 비둘기-김광섭(金珖燮, 1906~1977)
10여 년간 모교에서 교편을 잡다가 창씨개명(創氏改名)을 공공연히 반대하여 옥고를 치르기도 했다. 《해외문학(海外文學)》(1927)과《문예월간(文藝月刊)》(1931) 동인으로 문학활동을 시작했다.

목계장터-신경림(申庚林, 1936~)
1956년《문학예술》을 통해 등단. 한때 절필하기도 하였으나 1965년부터 다시 시를 창작하였다. 시집에《새재》(1979)《달넘세》(1985)《남한강》(1987)《우리들의 북》(1988)《길》(1990) 등이 있다.

춘망-두보(杜甫, 712~770)
자 자미(子美). 호 소릉(少陵). 시성(詩聖)이라 불렸던 성당시대(盛唐時代)의 중국 시인. 이백(李白)과 함께 당대 시인의 쌍벽을 이루었으며 저서로는 ≪두공부집(杜工部集)≫이 있다.

서울에 사는 평강공주-박라연(朴鎤姸, 1951~)
1990년《동아일보》신춘문예에 〈서울에 사는 평강공주〉로 등단. 시집으로는《서울에 사는 평강공주》(2000)《생밤 까주는 사람》(1999)《빛의 사서함》(2009) 등이 있다.

소망의 시 1-서정윤(徐正潤, 1957년~)
1984년《현대문학》을 통해 등단. 베스트셀러 시집《홀로서기》(1987)를 비롯해《소망의 시》(1991)《가끔 절망하면 황홀하다》(1999) 등과 소설집《오후 두 시의 붓꽃》(1998) 등이 있다.